Elzamir Gonzaga Silva
Elizabeth Tunes

Abolindo mocinhos e bandidos:

o professor, o ensinar e o aprender

Coleção
Fórum Permanente de Professores

FUNDAÇÃO UNIVERSIDADE DE BRASÍLIA	CENTRO DE SELEÇÃO E DE PROMOÇÃO DE EVENTOS
Reitor	*Diretora*
Lauro Morhy	Romilda Guimarães Macarini
Vice-Reitor	*Coordenador Acadêmico*
Timothy Martin Mulholland	Mauro Moura Severino
	CONSELHO EDITORIAL
EDITORA UNIVERSIDADE DE BRASÍLIA	*Presidente*
	Mauro Moura Severino
Diretor	Augusto Pinto da Silva Neto, Celius
Alexandre Lima	Antonio Magalhães, José Natal Barbosa, Lenise A. Martins Garcia,
CONSELHO EDITORIAL	Lucília Helena do Carmo Garcez,
Alexandre Lima, Murilo Bastos da Cunha e Hermes Zaneti	Mauro Luiz Rabelo, Mauro Moura Severino, Paulo Sérgio B. de A. Salles, Ricardo Gaucne e Romilda Guimarães Macarini

Equipe editorial: Airton Lugarinho (Supervisão editorial); Rejane de Meneses (Acompanhamento editorial); Wilma Gonçalves Rosas Saltarelli (Preparação de originais); Mauro Caixeta de Deus e Sonja Sampaio (Revisão); Eugênio Felix Braga (Editoração eletrônica); Maurício Borges (Capa); Elmano Rodrigues Pinheiro (Supervisão gráfica).

Copyright © 1998 *by* Elzamir Gonzaga Silva e Elizabeth Tunes
Impresso no Brasil

Direitos exclusivos para esta edição:
EDITORA UNIVERSIDADE DE BRASÍLIA
SCS Q. 02 Bloco C Nº 78 Ed. OK 2º andar
70300-500 Brasília-DF
Fax: (061) 225-5611

Todos os direitos reservados. Nenhuma parte desta publicação poderá ser armazenada ou reproduzida por qualquer meio sem a autorização por escrito da Editora.
ISBN: 85-230-0539-0

Ficha catalográfica elaborada pela
Biblioteca Central da Universidade de Brasília

	Silva, Elzamir Gonzaga
S 586	Abolindo mocinhos e bandidos: o professor, o ensinar e o aprender / Elzamir Gonzaga Silva, Elizabeth Tunes. – Brasília : Editora Universidade de Brasília, 1999.
	268 p. – (Fórum Permanente de Professores)
	1. Pedagogia. 2. Educadores. 3. Psicologia educacional. 4. Relação professor–aluno–Educação. I. Tunes, Elizabeth. II. Título. III. Série.
	CDU-371.13
	37.064.2

"Cá estou, repetiu, espero ter chegado ainda a tempo de assistir à conversa, Já íamos bastante avançados nela, mas não tínhamos entrado no essencial, disse Deus, e, dirigindo-se a Jesus, Este é o Diabo, de quem falávamos há pouco. Jesus olhou para um, olhou para o outro, e viu que, tirando as barbas de Deus, eram como gêmeos, é certo que o Diabo parecia mais novo, menos enrugado, mas seria uma ilusão dos olhos ou um engano por ele induzido. Disse Jesus, Sei quem é, vivi quatro anos na sua companhia, quando se chamava Pastor, e Deus respondeu, Tinhas de viver com alguém, comigo não era possível, com a tua família não querias, só restava o Diabo, Foi ele que me foi buscar, ou tu que me enviaste a ele, Em rigor, nem uma coisa nem outra, digamos que estivemos de acordo em que essa era a melhor solução para o teu caso, Por isso ele sabia o que dizia quando, pela boca do possesso gadareno, me chamou teu filho, Tal qual, Quer dizer, fui enganado por ambos, Como sempre sucede aos homens, Tinhas dito que não sou um homem, E confirmo-o, poderemos é dizer que, qual é a palavra técnica, podemos dizer que encarnaste, E agora, que quereis de mim, Quem quer sou eu, não ele, Estais aqui os dois, bem vi que o aparecimento dele não foi surpresa para ti, portanto esperava-lo, Não precisamente, embora, por princípio, se deva contar sempre com o Diabo, Mas se a questão que temos que tratar, tu e eu, apenas nos diz respeito a nós, por que veio ele cá, por que não o mandas embora, Pode-se despedir a arraia-miúda que o Diabo tem ao seu serviço, no caso de ela começar a tornar-se inconveniente por actos ou palavras, mas o Diabo propriamente dito, não, Portanto, veio porque esta conversa é também com ele, Meu filho, não esqueças o que te vou dizer, tudo quanto interessa a Deus, interessa ao Diabo."

José Saramago, 1991.

À Mirthes, Jose,
Oze, France e Ede,
cúmplices em favor
da paz que nos
fortalece a todos.
Elzamir

Sumário

PREFÁCIO, **9**

CAPÍTULO 1
A DISSOCIAÇÃO ENTRE ENSINAR E APRENDER, **13**

CAPÍTULO 2
OS PAPÉIS SOCIAIS NA RELAÇÃO PROFESSOR–ALUNO, **41**
　　Os papéis sociais e a construção dos atores da situação de ensino–aprendizagem, **45**

CAPÍTULO 3
AS CONCEPÇÕES DE PROFESSORES REVELADAS EM SEUS RELATOS VERBAIS, **65**

CAPÍTULO 4
CONCEPÇÕES SOBRE O PROCESSO ENSINO – APRENDIZAGEM: O PROFESSOR, O ALUNO E O CONHECIMENTO, **91**
　　Para Helga, o bom professor tem uma relação honesta com o próprio saber, **92**
　　Hagar pensa que o professor deve escutar o aluno, **97**
　　Para Raquel, o ensinar e o aprender refletem a organização imposta pela instituição de ensino, **103**
　　Morgana acredita que a escola não é a única responsável pela educação, **110**

Capítulo 5
Concepções sobre o processo ensino–aprendizagem:
a atribuição de papéis sociais, **121**
   Panorama geral, **121**
   As ações do professor e do aluno, segundo cada participante, **127**
   As ações do professor e do aluno, segundo Helga, **127**
   Como agem professor e aluno do ponto de vista de Hagar, **145**
   A visão de Raquel sobre os agentes do processo ensinar–aprender, **171**
   As ações do professor e do aluno, segundo Morgana, **202**

Conclusão, **227**

Referências bibliográficas, **239**

Apêndice – Metodologia utilizada na pesquisa, **247**
   Participantes, **247**
   Procedimentos, **248**
   Análise preliminar dos dados, no transcurso das entrevistas, **251**
   Tratamento e análise dos dados ao término de sua coleta, **258**

Prefácio

Em geral, a literatura científica que analisa questões sobre o ensino tem transmitido a idéia de que os professores dissociam o ensinar do aprender. Este livro é uma versão modificada da dissertação de mestrado apresentada pela primeira autora, com a orientação da segunda, ao Instituto de Psicologia da Universidade de Brasília, em 1997. Trata-se de um estudo realizado junto a alguns professores de ciências, no qual se procurou analisar como eles articulavam os três componentes básicos da situação pedagógica – o professor, o aluno e o conhecimento – bem como os papéis sociais atribuídos aos atores do processo de ensinar e aprender. Com isto, pretendia-se analisar como esses professores concebiam o processo ensino–aprendizagem, entendendo concepções como compreensão, formação de idéias, noções. Os professores tiveram uma participação ativa na situação de coleta de dados, no sentido de refletirem sobre sua prática pedagógica.

Considerando que a situação pedagógica envolve o professor, o aluno e o conhecimento, o estudo das concepções dos professores foi feito pelo exame da presença ou ausência de articulação entre esses três componentes. Considerando, ainda, que o ensinar–aprender envolve o exercício de papéis sociais reciprocamente orientados, as concepções foram examinadas, também, sob a ótica da articulação de papéis dos atores do processo.

No Capítulo 1, as autoras demonstram que muitos dos resultados que denotam, da parte dos professores, uma dissociação entre o ensinar e o aprender decorrem de outras dicotomias pressupostas, implicitamente, pelos modelos teórico-metodológicos assumidos pelos pesquisadores. Um exemplo seria a dicotomia discurso–ação.

O Capítulo 2 trata da atribuição de papéis sociais. Partindo da idéia de que estes são reciprocamente orientados, evidencia-se a impossibilidade de se estudar o processo de ensino–aprendizagem focalizando-se seus atores isoladamente. Como papéis sociais, professores e alunos constituem-se mutuamente.

O Capítulo 3 é demonstrativo da possibilidade de se estudar concepções sem assumir dicotomias clássicas, desde que se assuma que um relato contém, ao mesmo tempo e de forma indissociável, os aspectos subjetivos e objetivos da realidade relatada.

Nos dois capítulos seguintes, são apresentados os resultados obtidos com o estudo realizado, que permitiram as conclusões relatadas no último capítulo. Nestas são apontadas a qualidade do vínculo professor-aluno, a simplificação dos conteúdos e a negligência da prática, as quais, institucionalmente e não individualmente determinadas, dão origem à dissociação entre o ensinar e o aprender.

Muitas pessoas contribuíram para a concretização deste trabalho. Bob, Áurea, Nora e Ulisses, Tânia,

Carlos, Thaís e Kátia, Pachá e André, Juliana, todos os colegas que nos acompanharam, as pessoas que fizeram parte desta pesquisa e de cujas idéias nos utilizamos tanto para realizar este trabalho quanto para refletir sobre nossas próprias concepções. Agradecemos e homenageamos a todos pela inestimável colaboração.

Capítulo 1

A dissociação entre ensinar e aprender

Uma análise do discurso do professor permite, muitas vezes, tecer comentários acerca da sua atuação e dos problemas que enfrenta a educação como um todo, visto que a maneira como "...fala sobre os problemas que identifica no dia-a-dia de trabalho revela suas concepções a respeito do processo ensino–aprendizagem..." (Torezan, 1994, p. 384). Muito do que depreendemos do discurso do professor faz-nos inferir a existência de uma centralização da atividade de aprender no aluno, considerando-o como possuidor, de antemão, de autonomia em relação à sua aprendizagem, podendo trazer uma alienação da ação docente com o que esteja relacionado às questões típicas da aprendizagem, já que são tidas como função do aluno.

Da maneira como aparece na fala do professor, o ensinar–aprender parece ser algo que não implica a união orgânica de ambos os envolvidos no processo, o que, muitas vezes, destitui o professor de sua própria responsabilidade. Essa visão dissociada transparece nas atribuições de causalidade do fracasso escolar, quando, por exemplo, pessoas envolvidas no processo afirmam que o mesmo se deve a problemas relacionados aos alunos, tais como: desinteresse, problemas na família, desnutrição (ver Neves, 1994 e Tacca, 1994). A ação do professor fica também descompromissada. Como aponta Carraher (1991), o professor

>...acha que é sua responsabilidade apenas "dar" aula, e é responsabilidade do aluno tomar o que lhe foi oferecido, isto é, aproveitar a aula. Se o aluno não aprender nestas condições, este é um problema lamentável, mas é problema dele. A responsabilidade do professor seria no sentido de "falar sobre"; a responsabilidade de aprender seria do aluno... (p. 16)

Um exemplo de dissociação entre o ensinar e o aprender aparece no estudo de Torezan (1994). Ela realizou uma pesquisa na busca de investigar situações configuradas como problemas por alguns professores e analisou o modo como eles examinavam essas situações. Nesse estudo, a autora verificou a ausência, no discurso do professor, de passos que, do seu ponto de vista, são necessários à análise de qualquer problema, a saber: relacionar eventos, formular hipóteses, avaliar ações efetivadas, levantar questões relevantes.

A autora observou que os problemas apontados pelos entrevistados estavam voltados para questões ligadas às relações entre professores e materiais pedagógicos e ao comportamento dos alunos, tanto em termos acadêmicos como disciplinares. A falta de colaboração da família foi também citada como um problema, mas em uma proporção menor. No entanto, aspectos relativos ao planejamento, aos objetivos, aos métodos e à avaliação sequer foram mencionados.

As verbalizações dos professores concentravam-se na *descrição* ou *categorização* da situação problemática e na *proposição de soluções*, apesar de quase não haver menção a explicações ou ações em relação ao problema, nem indagações ou questionamentos. A falta de questionamento, segundo a autora, evidencia um equívoco, visto que indagar e questionar, assim como relacionar eventos, formular hipóteses e avaliar ações, são passos necessários para o exame de um problema e que permitem um direcionamento para a sua solução (Torezan, 1994).

Na conclusão de seu artigo, Torezan (1994) indicou alguns aspectos interessantes sobre os resultados de sua pesquisa. A presença de descrições em maior número que de explicações dos problemas mostra uma certa limitação no modo de analisá-los. As explicações, além de reduzidas, referiam-se a fatores extra-escolares ou à clientela deficitária; a ação do professor nunca era relacionada aos problemas.

Esses fatos estão de acordo com a noção de que as pessoas atribuem causalidade de forma a se auto-proteger (Kelley e Michela, 1980). Segundo a autora, os professores apresentaram uma crença de que o intelecto humano é algo fixo e imutável, de que o desenvolvimento depende de tempo e de que a motivação é algo que a criança tem ou não tem. Trata-se, portanto, de uma concepção maturacionista do desenvolvimento infantil, sendo este visto como algo que se dá em nível individual, alheio às influências sociais.

Quanto às soluções apresentadas pelos professores, estas se referiam menos às suas ações e mais às condições oferecidas pela escola, ou seja, as soluções dos problemas de ensino estavam em instâncias externas e não na própria sala de aula, o mesmo ocorrendo quanto ao aluno considerado problema; a tendência era o seu afastamento.

Esse domínio de fatores externos é também encontrado na postura pedagógica assumida pelos professores, sendo esta quase totalmente regida pelos programas, normas e exigências de fora da sala de aula. Tal aderência ao estabelecido leva à conclusão de que aqueles professores concebiam o ensino como algo que independe da criança. O problema do aluno que não se adapta é resolvido com o seu afastamento; dessa forma, os problemas vão apenas se propagando. Em outras palavras, o ensino é concebido como transmissão de conhecimentos e há uma concepção de que o aluno deva estar pronto para receber informações; os problemas de aprendizagem estão localizados no aluno e são, portanto, insolúveis. A partir disso, há um deslocamento do problema para um distanciamento das ações do professor, em outras instâncias.

O professor, com essas concepções de ensino e aprendizagem, não vê seu papel como mediador na construção do conhecimento pelo aluno, o que leva a crer que não assume um papel ativo na sua realidade de trabalho (Torezan, 1994).

A percepção que o professor tem de si como agente estruturante e organizador da escola requer uma ação reflexiva sobre a própria prática, o que inclui questionamento de crenças, responsabilidade e envolvimento em ações, muitas delas frustradas pelos entraves institucionais. Na escola, a ausência de condições para reflexão teórica acentua a limitação dos professores na maneira de analisar os problemas do seu trabalho, conclui a autora.

Um outro exemplo de dissociação entre ensinar e aprender encontra-se em um trabalho que realizamos (Tunes, Silva e Oliveira, 1994). Professoras de redação, em uma escola pública do Distrito Federal, consideravam que seus alunos apresentavam baixo rendimento na disciplina, indicado por notas baixas, porque eram desinteressados. Com o intuito de investigar a queixa das professoras, foi feito um estudo com um total de 275 alunos com idade entre onze e dezoito anos (123 cursando a sexta série e 152 a sétima; a maioria, 49,9%, tinha de treze a dezesseis anos; 58,9% eram do sexo feminino e 39,2% do masculino). No estudo, foram utilizados questionários contendo as perguntas apresentadas no quadro 1.

Quadro 1
Perguntas do questionário aplicado a alunos de redação de uma escola pública do DF

1.	Você gosta de redação? ( ) Sim ( ) Não Por quê?
2.	Você considera escrever uma coisa importante? ( ) Sim ( ) Não Por quê?
3.	Quais os temas ou assuntos que você mais gosta de abordar em redação?
4.	Em que o ato de escrever pode ser útil a você: A) No momento B) No futuro
5.	Como você avalia as aulas de redação? Marque com um X a alternativa que melhor descreve a sua avaliação: ( ) Fracas ( ) Regulares ( ) Boas ( ) Ótimas Que características das aulas de redação levam você a fazer essa avaliação?
6.	Se você fosse professor(a) de redação, o que você faria para melhorar as aulas?

Os alunos, ao serem consultados sobre como avaliavam as aulas, consideraram-nas boas. Em sua avaliação, levaram em conta, predominantemente, a metodologia de ensino e a relação professor–aluno, como mostram os dados da tabela 1:

TABELA 1
Porcentagem de justificativas apresentadas pelos alunos ao avaliarem o ensino de redação

Item	Fraca N	%	Regular N	%	Boa N	%	Ótima N	%	Total N	%
Metodologia de ensino	5	2,9	15	8,7	43	25,0	31	18,1	94	54,7
Relação professor–aluno	2	1,1	2	1,1	11	6,5	12	6,9	27	15,6
Motivação	---	---	---	---	15	8,5	11	6,5	26	15,2
Aprendizagem	---	---	---	---	2	1,1	12	6,9	14	8,0
Questões administrativas	---	---	4	2,3	6	3,5	1	0,5	11	6,3
Total	7	4,0	21	12,2	77	44,7	67	38,9	172	100

Os dados da tabela 1 mostram as porcentagens de justificativas dadas pelos alunos para as avaliações que fizeram. A categoria de respostas "Boa" é a que atinge maior índice de freqüência, seguida por "Ótima", "Regular" e "Fraca". A maioria dos alunos considerou as aulas boas e ótimas, visto que ambas perfizeram um total de 83,6%. A justificativa mais freqüente nas avaliações foi "Metodologia de ensino", com 54,7% das respostas (por exemplo: *Sempre o mesmo assunto*; *O ensino (explicação) é bom e as redações também*; *Aulas bem avaliadas e bem práticas*), seguido de "Relação professor–aluno" (exemplo: *Jeito como a professora fala com os alunos*; *A professora é superlegal e conversa*), "Motivação" (exemplo: *Dá vontade de fazer cada vez melhor*), "Aprendizagem" (exemplo:

Depois da aula de redação, eu aprendo mais do que já sabia) e "Questões administrativas" (exemplo: *São poucas aulas por semana*; *Besteira separar redação de texto*). Essas foram as justificativas apontadas pelos alunos e, em sua maioria, foram empregadas para justificar avaliações "Boa" e "Ótima".

Por outro lado, ao serem perguntados sobre quais mudanças fariam para melhorar as aulas, os alunos sugeriram, exatamente, metodologia de ensino, o que parece indicar que eles também dissociavam o ensinar do aprender. É como se, ao analisarem a atuação do professor, a considerassem como "Boa" porque ele a faz bem, independentemente de suas repercussões sobre o aluno, ou seja, o aluno exclui-se de ser também um agente do processo. Esses resultados são mostrados na tabela 2.

TABELA 2
Porcentagem de vezes em que cada sugestão apareceu entre os alunos (N = 300*)

CATEGORIA	%
Nada fariam ou dariam orientação aos pais	0,6%
Mudanças administrativas	1,6%
Não querem exercer atividade docente	2,3%
Não souberam responder	4,3%
Manutenção dos procedimentos da atual professora	9,3%
Mudanças na relação professor–aluno	15,6%
Mudanças na administração de tarefas	17,6%
Mudanças na metodologia de ensino	51,3%

* Alguns alunos deram mais de uma sugestão.

Examinando a tabela 2, percebe-se que as mudanças mais citadas recaem sobre "Metodologia de ensino" (*Daria aulas com diversão no final*), seguidas de "Administração de tarefas", que pode, algumas vezes, até ser incluída na categoria "Metodologia de ensino" (*Daria mais redação e menos exercícios*) e, logo depois, vem "Relação professor–aluno" (*Seria amigo dos alunos, para me sentir como eles*), perfazendo um total de 83,15%. "Mudanças administrativas" (*Daria mais aulas*) teve um baixo índice, do mesmo modo que nas avaliações (vide tabela 1). A categoria "Manutenção dos procedimentos da atual professora" teve uma freqüência relativamente baixa, especificamente quando se levam em conta os resultados apresentados na tabela 1. Ou seja, os alunos, em sua maioria, sugeriram que fossem feitas mudanças. Os que preferiram que as aulas permanecessem como estavam somaram um número bastante reduzido, juntamente com aqueles que não souberam responder, não queriam exercer atividade docente ou dariam outras alternativas, como orientação aos pais.

Ainda que sugestivos, esses resultados devem ser examinados com reserva, dado que a última questão do questionário ("Se você fosse professor(a) de redação, o que você faria para melhorar as aulas?") pode ter induzido os alunos a proporem mudanças *para melhorar*. Isso, para eles, poderia não estar em contradição com o que disseram antes. De qualquer modo, chama a atenção o fato de a metodologia de ensino ter sido selecionada como foco principal de mudanças.

Moraes (1989) apresenta os resultados de um estudo feito com estudantes de sexta, sétima e oitava séries e com idade entre treze e quinze anos, oriundos de seis escolas, públicas e privadas, de Porto Alegre, Rio Grande do Sul. Nesse estudo, a autora tece uma crítica à educação escolar no sentido de que esta não teria o mundo real como referência, isolaria os alunos de seu contexto e não incorporaria a experiência dos mesmos. São apresentados trechos de entrevistas com alunos sobre as percepções que têm quanto aos seus papéis na escola, ressaltando-se a importância de uma pedagogia que atenda às necessidades das pessoas.

Os trechos apresentados são exemplos do que os alunos pensam sobre a escola e o ensino, o ensino e a aprendizagem na escola, o currículo e as relações professor–aluno, aluno–aluno, aluno–administração escolar. Voltando a atenção mais especificamente para o que os alunos falaram, notamos um grande número de citações avaliativas referentes à metodologia de ensino, às questões administrativas, à relação professor–aluno, aspectos comuns aos encontrados por Tunes, Silva e Oliveira (1994).

Nas entrevistas, os alunos falaram, por exemplo, sobre como os professores tratam os conteúdos, indicando que alguns os simplificam muito e que isso pode ser prejudicial; que o ensino escolar prepara a inteligência e a cultura, mas não prepara os alunos para atuarem na sociedade, no mundo, no trabalho;

que a escola deveria tratar do cenário nacional, promovendo discussões e dando orientações precisas sobre os futuros problemas e o trabalho (Moraes, 1989). Referiram-se também à metodologia de ensino, afirmando que: os métodos de ensino não despertam interesse; o sistema de ensino é deficiente; os alunos são mais estimulados a trabalhar para obter notas do que para aprender o conteúdo; o conteúdo é ministrado de forma superficial e a prática é negligenciada, muitas vezes, devido às condições financeiras da escola. As afirmações dos alunos indicam que percebiam as falhas da escola e das formas como seus professores lhes ensinavam.

A relação professor–aluno também foi examinada pelos entrevistados. Eles mostravam acreditar que uma relação próxima entre professor e aluno estaria ligada a bons resultados de aprendizagem e que a própria compreensão do conteúdo estaria associada ao modo de ser do professor, à maneira como se posiciona em relação ao objeto de ensino e em relação ao aluno.

O que para Moraes (1989) reflete um distanciamento entre a escola, o que nela é veiculado, e a realidade do aluno pode ser analisado, também, como uma ausência de compromisso, de um vínculo com o aluno, como uma falta de atenção aos seus interesses e como uma centralização das atividades em apenas um dos componentes da situação pedagógica, ou seja, no professor ou no conteúdo, deixando o aluno excluído. De modo geral, o trabalho de Moraes aponta um engano da escola ao crer que seu objetivo é informar e não formar o estudante.

Ainda um outro exemplo de dissociação entre ensino e aprendizagem nos mostram Almeida, Cabral, Rabelo, Moura e Barbosa (1994). Nesse caso, vemos as concepções de psicólogos escolares sobre problemas e dificuldades de aprendizagem. A pesquisa demonstra que, para explicar os problemas e as dificuldades de aprendizagem, os psicólogos escolares do Distrito Federal apontaram questões referentes aos alunos. Para os entrevistados, os problemas de ensino–aprendizagem relacionavam-se, predominantemente, a questões de ordem cognitiva, afetiva, comportamental e orgânica do aluno ou mesmo a aspectos familiares. Mais uma vez surge a centralização da atividade de aprender no aluno, como se a ação do professor não exercesse influência tanto na facilidade como na dificuldade apresentada.

Uma interessante análise do discurso do professor foi feita, ainda, por Becker (1995). Partindo da pergunta inicial "qual é a epistemologia do professor?", aponta aspectos da relação pedagógica, que apresenta uma polarização e tende a valorizar ora o professor, ora o aluno ou então a relação entre ambos. A pedagogia centrada no professor, cuja fundamentação é o empirismo, seria hierarquizada: um manda, o outro obedece. Quando centrada no aluno (apriorista, inatista ou maturacionista), são supervalorizados os conhecimentos do mesmo, acabando-se por atribuir-lhe conhecimentos que, às vezes, não tem. Quando centrada na relação, dialetizam-se os pólos. Professor e aluno são vistos, cada qual, como possuidores de uma bagagem diferente; resgatam-se a importância do convívio, a autoridade do saber do professor, bem como a experiência do aluno e a sua capacidade de construir conhecimento – que é função da escola proporcionar-lhe. Não se atribui um saber absoluto a qualquer das partes.

O autor caracteriza a visão empirista, segundo a qual todo conhecimento advém dos sentidos; a visão apriorista, que postula que as condições para adquirir conhecimentos são dadas *a priori*, ou inatas, e a teoria da assimilação ou construtivista, que, oposta às anteriores, afirma que o conhecimento se origina na assimilação. Com essa caracterização, formula a hipótese de que o ensino escolar, por prejudicar relações produtoras de conhecimento e, por conseguinte, as condições para a construção do sujeito epistêmico, opõe-se à mesma. Seu objetivo é fazer uma crítica à epistemologia do professor que pode ser predominantemente apriorista, empirista ou, então, uma equivalência de ambas.

Na sua coleta de dados, entrevistou 38 professores de ambos os sexos e de todos os níveis de ensino, com idades entre 19 e 53 anos, possuindo de três meses a 34 anos de experiência em ensino. Além das entrevistas, foram feitas observações de aulas, de reuniões e de conselhos de classe.

Os dados de Becker (1995) mostram que a maioria dos professores assumia posições nitidamente empiristas. Alguns exemplos dessas posições: o conhecimento origina-se na prática; o aluno tem mais conhecimento prático que teórico; os conhecimentos teóricos são veiculados pela escola; a prática é estratégia para aprender teoria; o conhecimento transmite-se por vivências e é adquirido por meio de reações a estímulos vindos de fora. Houve também posições aprioristas: a lógica necessária para aquisição do conhecimento não pode ser ensinada, o aluno estudioso aprende, o aluno que não estuda não aprende, o aluno que já sabe aprende bem, o aluno que não sabe não aprende, uns têm mais conhecimentos e outros têm menos.

Além desses fatores, que demonstram visões muito simplificadas sobre o processo ensino–aprendizagem, haveria, segundo Becker (1995), as dificuldades enfrentadas pelos professores, por exemplo: ao tentarem adequar a transmissão de conhecimentos ao grupo a que se está ensinando, levando em conta a sua história. O conhecimento, afirma o autor, adquire significado pela ação docente, que o transforma em conhecimento para o grupo. Entretanto, essa relação é bloqueada ou desvirtuada, quando o professor está preso a um contexto político, presente na sua formação e nas condições de ensino, não sendo possível agir democraticamente em uma sociedade autoritária. A forma como se configuram a sala de aula – que privilegia o silêncio, o não pensar, o não expor questionamentos, a fala solitária do professor – e algumas regras escolares – que obrigam ao silêncio do professor diante do que trazem os alunos – impede o exercício de determinadas atividades que trariam melhores resultados, como o livre exercício da linguagem.

Para os entrevistados de Becker (1995), o conhecimento é algo desenvolvido pela experiência (comparação, análise, relação, manipulação de dados), é tido como produto de acúmulo, soma, armazenagem de dados, aprendizagem de conteúdos; a mudança entre níveis de conhecimentos é devida tanto à maturação quanto à aquisição de um conhecimento maior em relação ao anterior. O aluno busca o conhecimento e aprende por si; o professor cria oportunidade e facilita a aprendizagem, mas tudo depende da vontade do aluno, indispensável a seu aprendizado. Motivação e formação anterior seriam fatores cujas origens estariam fora da escola; a televisão e a família, por exemplo, colaboram tanto com bons resultados como para o fracasso.

Quando falam do papel do professor e do aluno, os entrevistados são predominantemente empiristas. O aluno é visto como alguém que nada sabe e o professor como alguém que sabe tudo. A aprendizagem é vista como função do aluno e resultante da transmissão de conhecimento; o professor dá condições, orienta, incentiva.

Becker (1995) afirma que a epistemologia do professor oscila entre empirismo e apriorismo (inatismo). Quando se refere à construção do conhecimento, à metodologia e às condições direta ou indiretamente ligadas ao ensino, é empirista. Quando caracteriza o aluno, o professor e o ensino, é apriorista. O autor sugere uma solução: reestruturar o ensino a partir de uma ressignificação teórica, por meio do construtivismo, do interacionismo epistemológico, isto porque, segundo ele, os avanços pedagógicos implicam mudança de paradigma. Do seu ponto de vista, um caminho para a formação de professores seria refletir sobre a prática e construir uma teoria.

Nota-se nesta última formulação de Becker (1995) um aspecto peculiar. O autor sugere a reflexão dos professores sobre a própria prática como uma forma de solucionar a problemática da falta de um arcabouço teórico específico da educação, criticando o fato de os professores basearem-se em pressupostos empiristas ou aprioristas quando falam de seu trabalho. No entanto, o autor incorre no mesmo erro de buscar teorias fora da educação, quando sugere o construtivismo como base para a reestruturação do ensino. Identifica a falha, mas a comete, impondo um modelo teórico exterior à educação para a dissolução do problema.

Esta última questão é discutida por Carr e Kemmis (1986), que apontam uma crença básica das pessoas que trabalham com educação, notadamente os professores, sobre os conceitos de teoria e prática. A primeira é tida como atemporal, universal e produzida apenas por pesquisadores, enquanto a segunda é vista como particular e urgente, parte do trabalho diário do professor. Ou seja, o ensino não é visto como um campo teórico, como um campo de produção de conhecimento. Essa visão embasa a dicotomia teoria–prática, tão presente no discurso dos professores e, ao nosso ver, liga-se à constante importação de teorias de outros campos do conhecimento. A crítica de Becker (1995) sobre as bases epistemológicas do discurso do professor e as afirmações de Carr e Kemmis (1986) sobre como estão relacionadas teoria e prática nesse discurso remetem-nos ao que talvez esteja na gênese dessas questões: as teorias da aprendizagem.

Hilgard e Bower (1975) discutem essas teorias no que se refere à sua natureza, origens e características. O estudo da aprendizagem, segundo os autores, tem duas fontes filosóficas: a análise do conhecimento (epistemologia) e a análise da natureza e da organização da vida mental (natureza e conteúdo dos construtos mentais, as operações, regras ou leis que podem ser inferidas como subjacentes a eles). Aprendizagem e conhecimento têm sido referidos, respectivamente, como um processo e seu resultado, e, muitas vezes, definidos como conceitos bastante relacionados. Conforme mostram os autores, no dicionário, *aprender* significa *ganhar conhecimento por meio da experiência* e um dos significados de experiência é *perceber diretamente com os sentidos*, que é o primeiro significado de *conhecer*. *Conhecimento* é definido como *aprendizado* e como *familiaridade* ou *entendimento ganho por meio da experiência*; *aprendizagem* é também definida como *conhecimento adquirido*, criando, conforme Hilgard e Bower, uma circularidade. Diante das perguntas *como nossos conceitos e co-*

nhecimentos se originam e *qual a relação entre a experiência e a organização da mente*, os autores apresentam as duas maiores posições teóricas sobre essa temática: o empirismo e o racionalismo.

O empirismo, dizem Hilgard e Bower (1975), reconhece na experiência a única fonte de conhecimento; focaliza a experiência sensorial como a origem de todos os conceitos e idéias formados pelos seres humanos, que podem também advir de reflexões intelectuais baseadas na relação entre as referidas experiências. O conhecimento de um objeto, portanto, pode referir-se a um conjunto de qualidades sensoriais (como cor, forma, cheiro), ou à associação a outras idéias (como sua classe, uso, custo). Os autores caracterizam essa posição, considerando quatro aspectos: 1) predominância das sensações – todo conhecimento é adquirido por via das sensações; 2) reducionismo – todas as idéias complexas são construídas com base em idéias simples, podendo ser reduzidas aos seus elementos formadores; 3) associacionismo – as idéias são conectadas por meio de associações e por contigüidade na experiência; 4) mecanicismo – a mente é como uma máquina, constituída de elementos simples e conhecidos.

Nas doutrinas empiristas, prosseguem os autores, há duas suposições básicas acerca da aprendizagem: uma diria respeito às representações internas de idéias estocadas na memória oriundas de cópias de suas impressões correspondentes; outra, às idéias complexas formadas em conexão com idéias simples que estão na memória, experienciadas de forma contígua e conectadas por associação. Essas suposições advêm das afirmações do empirismo na filosofia clássica, que definia a aquisição de conhecimentos e sua construção como baseadas na associação entre eventos contíguos no tempo. Um evento A era considerado causa de um evento B (ou outro qualquer) porque sempre antecedia a ocorrência deste último. Uma causalidade puramente perceptiva.

Na tese racionalista, a razão é a primeira e única fonte básica de conhecimento. O racionalismo, segundo os autores, aparece como tese oposta ao empirismo e a ele faz muitas críticas. Para a perspectiva racionalista, o papel dos dados sensoriais seria o de fornecer matéria-prima para um mecanismo interpretativo, que funcionaria de acordo com certas classes inatas de pressupostos perceptuais. Hilgard e Bower (1975) citam as postulações de Kant, segundo as quais há uma precedência da noção que temos sobre os objetos, em detrimento de sua percepção ou experienciação. Assim, a forma dos objetos ou fenômenos estaria na mente *a priori*, as percepções seriam dados obtidos *a posteriori*. A suposição de causalidade entre eventos recorrentes no tempo e espaço também se daria *a priori*, interpretando-se a causalidade como algo que se refere a uma sucessão temporal de eventos.

Para o conhecimento real seria necessário, segundo os moldes racionalistas, pressupor uma estrutura de pensamentos sobre e além dos dados sensoriais; não seria a natureza que imporia suas verdades sobre os humanos, mas estes que projetariam leis sobre aquela. A estrutura do pensamento seria inata, trazida já no nascimento – adquirida por seleção natural –, a mente ajudaria o indivíduo a adaptar-se ao meio, e a maneira como esta organização se processa estaria envolta em mistério.

Segundo Hilgard e Bower (1975), as teorias modernas da aprendizagem ou são inspiradas no racionalismo, ou no empirismo. Por exemplo, são empiristas as teorias comportamentais de: Thorndike, Pavlov, Guthrie, Hull, Skinner e a escola funcionalista. A psicologia da Gestalt e a abordagem do processamento de informação, a psicologia cognitiva moderna e a psicolingüística são consideradas racionalistas.

Conforme mencionamos anteriormente, as teorias da aprendizagem poderiam estar na base de algumas dicotomias que costumamos encontrar. Assim, caberia indagar: "como seriam associados o ensinar e o aprender nas teorias da aprendizagem?" A teoria do reforço, um exemplo empirista, afirma que uma resposta seguida de uma conseqüência tende a ter sua freqüência alterada. Entretanto, não há uma explicação para a relação entre a resposta requerida e a conseqüência proporcionada; diz-se apenas se a conseqüência é adequada, caso aumente ou não a freqüência de respostas. No caso do racionalismo, a teoria cognitivista, por exemplo, concebe um sujeito apriorístico capaz de dirigir com autonomia seu aprendizado, um sujeito que aprende por si; o professor surge como um facilitador, alguém que apenas vai organizar o que será aprendido. O mundo está aí para ser apreendido, o outro apenas facilita, é o sujeito que aprende. Vale ressaltar, finalmente, que essas teorias exerceram, e ainda exercem, grande influência nas práticas educacionais do Ocidente.

Diante dessas formulações, é compreensível a maneira como os professores do estudo de Becker (1995) concebiam a educação e o papel de cada agente no processo ensino–aprendizagem. É clara a influência das teorias de aprendizagem, podendo decorrer daí a dissociação entre o ensinar e o aprender.

Buscando estudar a influência de teorias psicológicas, de um modo geral, sobre a educação, Mizukami (1983), baseada na idéia de que a ação docente é intencional e calcada em um referencial teórico que privilegia alguns aspectos do processo de ensino–aprendizagem, determinando uma ação docente mais preocupada com uns aspectos em detrimento de outros, fez um apanhado das abordagens que predominam no ensino brasileiro e fundamentam a ação docente. A autora examinou as principais linhas de pensamento, a saber: abordagem tradicional, comportamentalista, humanista, cognitivista e sociocultural. Cada uma delas foi analisada pela autora em relação ao aspecto que privilegia, podendo ser empirista (caso privilegie o objeto), nativista, apriorista ou inatista (em que o sujeito é privilegiado) ou interacionista (privilegia-se a interação sujeito–objeto). Além disso, a autora considerou também, em cada abordagem, as noções de homem, mundo, sociedade/cultura, conhecimento, educação, escola, ensino–aprendizagem, professor–aluno, metodologia e avaliação. Após esse exame, Mizukami procedeu a uma análise das abordagens de professores de quinta a oitava série e do ensino médio de escolas da rede pública da cidade de São Carlos, São Paulo. Utilizou questionários e escalas com dez afirmações, em cinco pares, sobre a noção de homem (ou mundo, ou ensino–aprendizagem, etc.), sendo cada par de acordo com uma das abordagens teóricas especificadas. O participante deveria assinalar com qual delas concordava em primeiro lugar, em segundo, e assim por diante, até o quinto lugar, escolhendo, portanto, as cinco afirmações com as quais mais concordava. Os resultados dessa etapa do trabalho mostraram que os professores concordavam com as abordagens na seguinte ordem preferencial: cognitivista, sociocultural, humanista, comportamentalista e tradicional.

Em uma segunda etapa do trabalho, Mizukami (1983) fez uma análise das aulas ministradas por um grupo de professores (uma amostra de 13% do total dos respondentes do questionário, estabelecida por sorteio) para, em seguida, fazer uma comparação entre a abordagem predominante nas aulas e a dos questionários. Para tanto, fez a gravação, a transcrição e a análise de três aulas de cada professor da amostra especificada, considerando os seguintes aspectos, com base nos protocolos de transcrição das aulas: as atividades do professor, a forma como o conteúdo era tratado, o relacionamento professor–aluno e as formas de avaliação. A autora constatou que as aulas eram muito semelhantes entre si, mesmo quando os professores tinham tendências teóricas diferentes, e que as características dessa prática se assemelhavam às da abordagem tradicionalista. Assim, quando indagados sobre a abordagem teórica com que mais concordavam, os professores apontaram, predominantemente, a cognitivista. Entretanto, na sua prática cotidiana, eles seguiam uma linha tradicional, justamente a menos escolhida na primeira fase da pesquisa.

Em sua conclusão, Mizukami (1983) afirma que os dados mostram uma dissociação entre a posição teórica dos professores e a sua prática em sala de aula e admite algumas hipóteses para explicar o fato. Segundo ela, outros fatores estariam sendo veiculados nos cursos de licenciatura que não simplesmente as abordagens teóricas, o ensino tradicional estaria cristalizado como modelo e estabelecido por pressão grupal ou senso comum. Haveria uma fragmentação da teoria–prática na realidade do professor.

A autora apresenta, então, algumas sugestões para resolver essa questão. É comum, nos cursos de licenciatura, partir-se de posições teóricas para analisar e criticar as práticas educacionais. A proposta é que se faça o contrário. A partir das práticas, proceder-se à análise, reflexão, crítica e questionamento das posições teóricas, promovendo oportunidades ao professor de analisar seu fazer em confronto com as abordagens teóricas, na busca de articulação entre ambos; estudar o discurso do professor por meio de sua prática.

Na finalização de seu trabalho, a autora reafirma a idéia de que os modelos aos quais os professores foram submetidos ao longo de sua escolarização são mais estruturantes de sua ação do que os veiculados nos cursos de licenciatura e refaz a sua pergunta inicial sobre o que realmente fundamentaria a ação docente, dando a entender que essa pergunta permanece em aberto.

Ainda que apresente resultados interessantes, o trabalho de Mizukami (1983) admite um aspecto da relação teoria–prática que está calcado na antiga dicotomia entre o fazer e o dizer. Assumindo essa dicotomia, a autora analisa o cenário pedagógico com a aplicação de um questionário, na busca de apurar o referencial teórico que influenciava a ação dos professores. Em outro momento, examina a prática, quando foram feitas observações das aulas ministradas por um grupo de professores. Assim sendo, o próprio delineamento da pesquisa realizada implica a dicotomia que a autora reconhece e critica nos professores. Cabe aqui a mesma crítica feita a Becker (1994) acerca da imposição de teorias de outros campos do conhecimento na educação. Assim como Becker, Mizukami critica a dissociação no discurso dos professores e sugere o próprio campo da educação como forma de analisar, obter teorias e criticar os pontos de vista teóricos vigentes. No entanto, apóia-se em uma disjunção que tem os mesmos pressupostos básicos existentes na dicotomia teoria e prática, discurso e ação. É essa dicotomia que o presente trabalho pretende afastar por meio do emprego do relato como dado, conforme será discutido na sessão três deste capítulo.

A relação entre discurso e ação é bastante discutida por Gilbert e Mulkay (1980, 1983a e 1983b), e Mulkay (1981). Em uma série de pesquisas que realizaram sobre relatos de cientistas e em que procuravam analisar a atividade científica, esses autores fizeram considerações interessantes sobre a relação entre o discurso e a ação. Gilbert e Mulkay (1983b), ao estudarem a questão da escolha teórica, pelos relatos dos cientistas em publicações e no contexto de entrevistas, verificaram que nem sempre a descrição das ações para este fim era coerente. Nas publicações, os cientistas descreviam suas escolhas como se estivessem calcadas em critérios de formalidade científica – como validade, predição e consistência. Nas entrevistas, no entanto, a descrição era feita apresentando maior inclinação para enfatizar fatores pessoais, sociais e outros, geralmente não formalizados. No primeiro caso, os cientistas descreviam suas ações como derivadas de teorias ou hipóteses científicas, escolhidas e descritas, justificando a preferência e explicando a sua escolha em relação à área, à disciplina e à ciência como um todo. No segundo, entretanto, via-se que as escolhas teóricas eram influenciadas por fatores subjetivos – como o julgamento, o impacto de relações pessoais, idiossincrasias – em detrimento de evidências experimentais e avaliação teórica. Em vista disso, os autores afirmaram a existência de duas versões da ação dos entrevistados e passaram a explorar a idéia de que, ao lidar com discursos, se trabalha não com descrições, mas com versões da ação. As pessoas, de forma geral, por meio do discurso, construiriam e reconstruiriam o significado de suas ações.

À luz das contribuições desses pesquisadores, o que os resultados de Mizukami (1983) demonstram, nas diferentes etapas de seu trabalho, seriam, então, versões da ação dos professores. Nesse caso particular, vale acrescentar, ora por eles, ora pelo observador.

Os estudos anteriormente descritos ilustram o enunciado no início desta seção: os professores dissociam o ensinar do aprender, entendendo esses atos como próprios de cada participante da situação de ensino. Essa dissociação pode ser descrita de duas formas: como uma desarticulação entre os componentes do processo ensino–aprendizagem (o professor, o aluno e o conhecimento) ou entre os papéis sociais dos agentes desse processo. Os professores, nesses estudos, tanto entendem cada componente da situação separados entre si como também vêem as suas funções dissociadas das do aluno. Esse modo de ver atribui, portanto, a cada componente do processo ensino–aprendizagem uma de suas partes: ao aluno é confiada a ação de aprender, e ao professor a de ensinar (Torezan, 1994), estando os seus papéis, dessa forma, também dissociados.

Por que os professores fazem esta disjunção? Que fatores contribuem para isso? Quais são os resultados? Certamente, há que se reconhecer que existe uma grande influência das teorias da aprendizagem sobre as práticas educacionais ocidentais, que localizam no sujeito aprendiz todas as habilidades em direção à sua aprendizagem, quer seja por utilizar, da maneira adequada, suas sensações e experiência, quer por possuir, de nascença, o raciocínio necessário para formular os dados sensoriais e construir o conhecimento. Nesses casos, ora o professor é uma fonte de conhecimentos à qual o aluno deve recorrer, ora tem simplesmente uma função disciplinadora, já que o aluno aprende com suas próprias experiências, tendo de nascença as habilidades para esse fim, podendo ele mesmo construir o seu conhecimento.

Encontramo-nos, assim, diante da seguinte situação: os professores focalizam o aluno quando se trata, por exemplo, do fracasso escolar; os alunos focalizam a questão do vínculo professor–aluno quando têm a oportunidade de se posicionar; nas teorias da aprendizagem, não são levados em conta os aspectos qualitativos da relação ensinar–aprender; logo, está claro que algo não se ajusta bem.

Segundo Carraher (1991), "o modo pelo qual a educação é concebida e encarada influencia, de forma básica, a realização das atividades educacionais" (p. 11). Em vista disso, é necessário examinar profundamente as concepções que estão envolvidas nas práticas educativas, buscando identificar e compreender suas raízes. Tal análise justifica-se pela necessidade de compreendermos os fatores que influenciam tais concepções, tendo em conta que elas estão envolvidas no modo de ação dos professores, e assim recolher subsídios para influenciar na formação de uma posição que privilegie ambos os envolvidos no processo ensino–aprendizagem. A concepção de professor e aluno como agentes reciprocamente orientados traria, do nosso ponto de vista, uma ação docente mais complexa, na medida em que levaria em conta também as ações discentes como parte orgânica do processo.

Capítulo 2

Os papéis sociais na relação professor—aluno

A situação pedagógica requer a relação entre pelo menos dois sujeitos, o professor e o aluno, que desempenham diferentes papéis, estejam ou não suas ações reciprocamente orientadas. Rodrigues (1972) afirma que as interações humanas, fonte de constantes pesquisas e descobertas, constituem-se de troca, de dependência e interdependência, envolvendo dois ou mais indivíduos.

Em psicologia, a noção de que os indivíduos se formam nas relações sociais é bem difundida. O pioneiro nessas formulações foi James Mark Baldwin (1861-1934), com os livros *Mental development in the child and the race* – 1895 e *Social and ethical interpretations in mental development* – 1897 (Cairns, 1983). Essa questão é também explorada nos trabalhos do psicólogo russo Lev Semenovich Vygotsky, do francês Henry Wallon e em pesquisas recentes na área de cognição social.

Vygotsky (1984) considera que o indivíduo nasce completamente dependente de seu meio social, individualizando-se à medida que se vai tornando autônomo nas suas ações. Essa dependência diz respeito aos cuidados físicos e à constituição psicológica. Assim, o sujeito *apropria-se*, pelo convívio com outros indivíduos, das aquisições desenvolvidas pela cultura em que está inserido e torna-se autônomo, individualiza-se, à medida que passa a ter domínio sobre elas. Tais aquisições são representadas pelos costumes, regras e convenções e pelas formas de simbolização daquela cultura. Em suma, o indivíduo adquire, na sociedade, as formas de relacionar-se com a mesma, por meio da apropriação dos sistemas por ela mesma desenvolvidos, incorporando-os como seus (Vygotsky, 1984).

As considerações de Wallon, conforme Dantas (1990), são semelhantes às de Vygotsky, com o pressuposto de que o indivíduo é *biologicamente social* e relaciona-se com outros, no início da vida, exclusivamente por meio da emoção. Para Wallon, o ser humano necessita do convívio social por suas próprias características biológicas. O filhote humano é, entre os animais, o que nasce com menos condições de sobreviver sem a ajuda de adultos, e a maneira como os mobiliza à sua volta se dá unicamente pelas manifestações emocionais que apresenta e que suscita. Dessa forma, o ser humano, para *ser humano*, e não apenas para manter-se no início de sua vida, necessariamente tem de estar em contato com outros de sua espécie.

Uma das discussões atuais em cognição social gira em torno de pesquisas sobre os modos de participação do outro na formação dos esquemas representacionais que o indivíduo tem de si, em termos de processamento de informações sociais. Para isso, ele necessita das informações veiculadas por outrem, construindo-a a partir dessas informações (Baldwin, 1992). Essas discussões inserem-se no nosso interesse em saber como são formadas as concepções que os indivíduos têm de si em situação de ensino–aprendizagem.

Goes (1993) contribui de maneira pontual para esse interesse, na medida em que se utiliza da situação de ensino–aprendizagem como campo de estudo para suas formulações a respeito do modo como os colegas e as professoras participam no processo de construção de significados da criança. Goes demonstra que as atitudes da professora e da criança são reciprocamente orientadas, ao ressaltar que tanto as ações da professora interferem nas da criança, no sentido de dar direcionamentos, como as ações da criança interferem nas da professora, no sentido de regular e reestruturar movimentos.

A nosso ver, as formulações da autora aplicam-se também ao processo de construção do conhecimento sobre a própria situação pedagógica. Se considerarmos a acepção geral do termo *situação de ensino* que envolve relações sociais, esta também exerceria influência na construção de seus atores e de seus respectivos papéis. Conseqüentemente, o conhecimento que cada um tem de si e os conceitos de cada um, em relação às suas características pessoais como agentes daquela situação, estão também em construção. Quebra-se, assim, a dicotomia teoria–prática, tendo em conta que, na própria situação de ensino-aprendizagem, formulam-se conceitos e engendram-se ações. Portanto, diferentemente de como se costuma julgar, as construções teóricas a respeito da atividade pedagógica são elaboradas na própria atividade e não fora dela; nela própria, formulam-se e reformulam-se maneiras de conduzir o processo. Desfaz-se a noção de que o professor entra na sala de aula pronto para ensinar e que a sua atuação – tanto quanto a noção que tem dela – já está constituída de modo definitivo e acabado. Afasta-se a idéia, amplamente divulgada, de que a teoria é universal e produzida apenas por pesquisadores e de que a prática é particular e faz parte do trabalho diário do professor. Ao contrário, no seu trabalho diário, o professor está produzindo conhecimento a partir de suas ações e das ações do aluno e, ao mesmo tempo, engendrando modos de chegar aos objetivos que formulou, praticando com base no seu conhecimento.

A partir da contribuição de Goes (1993) e das nossas afirmações, formulamos as seguintes questões: de que maneira se dá a constituição dos papéis sociais na situação de ensino? Que concepções subjazem à sua constituição? De que forma isso poderia relacionar-se aos resultados da educação?

A seguir, discutiremos essas questões ligadas aos papéis sociais dos participantes da situação pedagógica, bem como sua relação com os resultados da atividade de sala de aula. Nosso interesse é chamar a atenção para a conceituação de professor e de aluno, segundo cada qual, na situação de sala de aula, em termos de configuração de papéis sociais. Dessa forma, inicialmente faremos uma pequena exposição sobre o conceito de papéis sociais, estabelecendo desde já relações entre a teoria e a situação de ensino. Posteriormente, apresentaremos algumas discussões em torno dos resultados do ensino, como base para estabelecer a forma como se constituem os papéis de seus agentes. E, finalizando, faremos um confronto entre a noção de papéis sociais e as implicações contidas na constituição dos papéis de professor e de aluno.

Os papéis sociais e a construção dos atores da situação de ensino-aprendizagem

Maisonneuve (1977) esclarece que a noção de papel tem duas acepções: uma funcional/pragmática, relativa à posição social que o indivíduo ocupa e que compreende a aceitação de regras e costumes (papel social); outra, imaginária/teatral, no sentido de atribuir-se, temporariamente, um papel ou de desempenhá-lo. Segundo o autor, o papel social é algo que requer convívio, não se determinando de forma solitária. A característica essencial de um papel social é, pois, sua prescrição em relação a um sistema normativo de papéis, de acordo com as posições sociais. Isto é, relaciona-se a condutas requeridas por um dado estatuto ou posição social (posição, condição ou característica social de um indivíduo), que podem ser institucionais, se o referencial é a sociedade global (sexo, casta, classe), ou funcionais, no caso de referirem-se a posições específicas em um grupo, relativamente a outros membros.

Nessas afirmações, vemos uma contribuição importante para o nosso interesse: a elaboração do papel de cada membro na relação social em referência aos outros que dela participam. Na situação de ensino–aprendizagem, vemos um exemplo de como os papéis são constituídos nas próprias relações. As interações e as trocas, baseadas na condição social de cada um dos envolvidos, é que vão forjar sua função e, por conseguinte, as suas características e atitudes na mesma.

Segundo Maisonneuve (1977), os papéis sociais não são rígidos, pode haver zonas de indefinição ou confusões de papéis, salvo nas relações em organizações hierárquicas, em que os papéis são definidos em termos de suas funções e relações, sem haver zonas de confusão (*e.g.*, organizações militares e religiosas). Essa rigidez pode também ocorrer no caso de apego ao papel assumido. Quanto ao objeto de nossa análise, podemos considerar que, por vezes, na relação pedagógica, os papéis podem inverter-se, ficando o aluno, por exemplo, com a função de formar, socializar, individualizar, direcionar as ações do professor, a não ser no caso da inércia que determina o apego ao papel assumido, o que, do nosso ponto de vista, prejudicaria o processo de ensino–aprendizagem, na medida em que não haveria reformulações por parte do professor a respeito de como direcionar as ações do aluno.

O estabelecimento dos papéis sociais faz-se pelo que se convencionou ser apropriado à sua constituição, dependendo também do campo a que se aplica e dos *contrapapéis*, ou seja, dos papéis assumidos por outros. Assim, os papéis necessitam, para serem estabelecidos, de atributos ou especificações relativas a eles, de um campo, ou uma situação delimitada, e de outros indivíduos que desempenhem papéis complementares (Maisonneuve, 1977). Se considerarmos o campo da relação professor–aluno, os atributos serão as atitudes, as funções e as atividades de cada um, e a complementariedade estará na posição de um em relação ao outro, bem como na participação de outros atores ligados à situação pedagógica.

Maisonneuve (1977) afirma que, no plano individual, o papel se caracteriza por ter a função de expressão pessoal e relaciona-se à personalidade a partir de modelos que servem de base para essa expressão. O indivíduo pode ser mais ou menos fiel a eles, de acordo com as atitudes que assume, nas diferentes situações, em relação às atitudes dos outros. Os papéis desempenhados em grupos distintos formam o *sistema* de personalidade, que impõe uma constante mudança de papéis, entendido como um todo orgânico e não uma simples soma. Na situação de ensino, os papéis assumidos estão relacionados a outros que os indivíduos nela envolvidos desempenham. Portanto, todos os papéis que os seus participantes têm em outras situações, assim como seus modelos, servem como base para as ações que se desenrolam naquela.

Da mesma forma, o papel de aluno ou de professor acaba manifestando-se também em outras situações fora de sala de aula.

Considerando o plano interacional, Maisonneuve (1977) observa que os papéis se caracterizam pela complementariedade, não tendo sentido senão em uma relação. Um papel social, para este autor, é sempre influenciado pela conduta de outrem. Dois aspectos interferem nas relações, sejam elas diádicas ou grupais: a expectativa do papel e a sua evolução. A antecipação da conduta de outrem, afirma Maisonneuve, constitui a expectativa que se baseia em modelos estereotipados e na experiência passada. A evolução do papel influencia na interação, à medida que se desenvolvem as relações. À proporção que os sujeitos dos papéis vão se conhecendo, estes vão modificando-se e transformando-se, ao evoluir a relação. Do ponto de vista da interação em sala de aula, quanto às expectativas, os experimentos citados por Rosental e Jacobson (1993) são um bom exemplo de sua importância e serão apresentados mais adiante.

Segundo Maisonneuve (1977), os papéis sociais, se vistos de acordo com a conduta dos parceiros, são classificados em três termos: não-contingentes, de contingência assimétrica e de contingência recíproca. Os papéis não-contingentes são aqueles em que a conduta de um não influi na de outro e vice-versa. Isso parece impossível, mas ocorre, por exemplo, em casos de extrema formalidade e rigidez ou em casos patológicos (esquizofrenia). A contingência assimétrica inclui os casos de dependência unilateral de conduta. E na classe das contingências recíprocas, as reações de um estão de acordo com a conduta do outro. A noção de papéis não-contingentes, bem como de contingência assimétrica, é problemática, se levarmos em consideração a idéia anteriormente veiculada da necessidade de complementariedade de papéis. Nesse caso, a dependência de conduta unilateral é incoerente, pois o indivíduo que faz o papel de dominador precisa daquele que assume o de dependente, para complementá-lo. Na relação professor–aluno, cada qual assume um papel complementar ao do outro, o aluno só é aluno porque alguém é o professor e vice-versa.

Papéis sociais ocorrem conforme modelos e expectativas culturais e são suscetíveis de evolução, superando estatutos e modelos. A exemplo disso, Maisonneuve (1977) cita o papel da mulher que, em certa medida – muito lentamente e sob protestos –, se vem modificando ao longo da história ocidental. Da mesma forma, a pedagogia vem mudando alguns de seus pressupostos e adquirindo novos, a partir dos quais se tem privilegiado a ação do aprendiz. No entanto, como os processos de mudança são lentos, ainda vemos muitos profissionais de ensino presos a modelos ultrapassados, utilizando técnicas ineficazes e resistindo insistentemente à mudança, o que repercute na concepção que o aluno tem de si, do professor e da própria escola. A tese do autor está de acordo com a noção de que todas as características e atividades humanas evoluem (Vygotsky, 1984) e, portanto, com os papéis sociais não poderia ser diferente.

A idéia de papel e de estatuto – o primeiro relativo à conduta normal em uma determinada posição social e o segundo, à posição social propriamente dita – tem influência na noção que cada um tem de si. Esta afirmativa de Maisonneuve (1977) dá-nos subsídio para discutir a formação dos atores do processo ensino–aprendizagem de forma explícita, ao chamar a atenção para o fato de que os sujeitos desse processo se constituem reciprocamente. Nesse sentido, assumimos a mesma posição de Goes (1993): "A relação entre ação do outro e ação do sujeito é de caráter constitutivo" (p. 3). Ainda que a autora ressalte a limitação desse caráter, não o descarta, acenando com a possibilidade não de predizer, mas de elaborar uma projeção sobre como se dá tal constituição, derivando-a do funcionamento do sujeito em determinadas interações. Com isso, defende não a predição, mas a projeção como uma forma de a psicologia contribuir no contexto pedagógico.

Algumas discussões sobre os resultados do ensino ajudam-nos a analisar a determinação dos papéis de seus agentes e, conseqüentemente, as concepções que cada um tem de si e do outro na situação. Patto (1987), ao dissertar sobre a relação escola–sociedade, apresenta a tese do funcionalismo de Durkheim para ilustrar o quanto a escola está inserida na questão da diferenciação dos indivíduos pela sua função na sociedade. Segundo a autora, baseada nas teses de

Durkheim, a escola tem função tanto de homogeneizar como de diferenciar os seus membros, atua tanto na introdução do indivíduo na sociedade como na determinação do papel que nela exercerá. A nosso ver, essa determinação dá-se, em primeira instância, na relação professor–aluno.

A configuração do papel que o indivíduo terá na sociedade perpassa o seu papel na escola. Tomando como base as considerações de Patto (1987), podemos, expandindo os seus pontos de vista, analisar como são determinados os papéis na situação pedagógica. O professor, como representante da cultura e do saber acumulado pela sociedade, tendo passado por um processo de individualização, seria o transmissor oficial desse saber, visto que possui os requisitos para fazê-lo. Dessa forma, assume o papel daquele que ensina. O aluno, por ser ainda um indivíduo no início de sua formação, por necessitar instrumentalizar-se para inserir-se na sociedade, ocupa o papel daquele que aprende, do que *recebe os conhecimentos*.

Em um estudo sobre atribuição de causalidade do fracasso escolar por pais, professores e alunos de quinta série de escolas da rede pública do Distrito Federal (Neves, 1994), observamos que o professor, ao buscar justificativas para o fenômeno, freqüentemente reportava-se ao aluno como o portador das características responsáveis pelo sucesso ou fracasso da atividade de ensino–aprendizagem. Desnutrição, deficiência, privação cultural e desinteresse apareciam como explicações, juntamente com falta de estudo em casa e problemas na família. Geralmente, as deficiências da escola, do sistema de ensino e do professor ocorriam pouco, e nas últimas posições como causadoras de fracasso. O mesmo estudo, ao expor as opiniões dos alunos, demonstra que eles assumiam responsabilidade no fracasso, localizando as causas na sua motivação e no seu desempenho, com a diferença de que, no seu modo de ver, a ajuda do professor aparecia em terceiro lugar como causa. Os professores, ao contrário, eximiam-se de responsabilidade, apontando desmotivação, falta de interesse e de ajuda da família como as principais causas do insucesso. É interessante notar que, apesar de dividirem a responsabilidade com os professores, os alunos incorporaram o papel de maiores responsáveis pelo seu fracasso, assumindo, portanto, a visão dos professores. Isso, do nosso ponto de vista, mostra como a *concepção que os alunos têm de si é altamente influenciada pela do professor*.

Neves (1994) estudou também a idéia que os pais faziam das causas do fracasso, na qual apareceram a motivação, a falta de preparo e o sistema de ensino nas três primeiras posições como seus determinantes, sendo pequenas as diferenças percentuais entre as atribuições. Os pais dividiam a responsabilidade entre alunos e professores, se considerarmos que falta de preparo é uma causa que pode ser atribuída à ação do professor, incluindo o sistema de ensino. Ou seja, os pais tinham uma noção de causalidade múltipla. Eles também mostraram-se de acordo tanto com os alunos quanto com os professores, ao dividirem as responsabilidades, o que nos leva a crer que também participavam na constituição da noção que os alunos tinham das causas da reprovação e do seu papel na situação.

Patto (1990), ao aprofundar-se um pouco mais nessa questão, apresenta uma análise de dados de pesquisas, na década de 70, sobre as causas do fracasso escolar. Ela chama a atenção para a ausência, ou ocorrência reduzida, de pesquisas sobre esse tema que tivessem alunos como sujeitos na coleta de dados. Fato curioso para a autora, já que, afinal, eles também são parte integrante da situação que se estuda, fazem parte do fenômeno, por que não eram ouvidos?

Analisando o discurso dos pesquisadores, ao buscarem as causas do fracasso, a autora verifica uma contradição. De um lado, eram apontadas a inadequação do sistema de ensino e sua impossibilidade de motivar os alunos para as atividades educacionais, e, de outro, exigia-se interesse dos alunos, alegando-se que a inferioridade social seria causadora do desinteresse e este dos maus resultados. Exige-se a motivação dos alunos sem a melhoria nas condições de ensino.

No desenrolar de seu exame, Patto (1990) aponta a existência da mesma cisão no pensamento educacional. Enquanto pedagogos e filósofos da educação faziam análises e recomendações dirigidas à estrutura e ao funcionamento do ensino, outros pedagogos e psicólogos diagnosticavam o fracasso, considerando características biológicas, psicológicas e sociais da clientela escolar. Esta última prática foi acentuando-se e, cada vez mais, passou-se a buscar no aluno as origens do fenômeno, chegando-se a supor a inexistência de necessidade de instrução formal nas camadas sociais a que pertenciam os alunos ou o desinteresse, para explicar as causas do grande número de analfabetos ou semi-analfabetos na década de 70.

Da cisão *causas na escola/causas na clientela* surge a combinação *escola inapropriada para a clientela* e, desta, a noção da diferença como um déficit. Assim, as diferenças, sociais ou individuais, seriam causadoras de deficiências; a escola, com seu discurso de classe A ou B, não seria capaz de alcançar a criança de classe Z. A criança de classe Z não teria o mesmo tipo de estimulação que a de classe A para as questões relativas à escola, ficando, por assim dizer, defasada em relação às outras, necessitando de uma escola adaptada a ela ou de um *ensino especial*.

As atribuições de causalidade do fracasso escolar estariam, assim, segundo a autora, carregadas de preconceito e estereótipos, que sobrecaem, predominantemente, na família – taxada de inadequada por sua ausência, defeitos morais e psíquicos ou por sua desestruturação (*e.g.* pais separados). Diante da *desestruturação* da família, a criança, habituada à mesma, não se adaptaria à *estruturação* da escola, não tendo, dessa forma, condições emocionais para aprender. A oportunidade de aprender é oferecida; o aluno aproveita-a de acordo com suas características pessoais ou condições familiares (cf. aponta Carraher, 1991).

A partir da análise de Patto, podemos considerar, então, que a escola e, por extensão, os professores isentam-se de responsabilidade na formação dos alunos, tanto em termos de sua personalidade quanto de seu papel na escola. O vínculo estabelecido entre os participantes da situação fica, assim, influenciado por esses estereótipos, o que acaba por engendrar uma relação em que não há um compromisso político das partes envolvidas na interação. Sendo assim, o tipo de ligação estabelecida pelos sujeitos do processo de ensino–aprendizagem não teria uma influência nos seus resultados?

Leite (1993) fez uma análise acerca das relações interpessoais na escola. O autor afirma que a imagem do que somos é também formada a partir do que os outros vêem em nós, e essa se modifica por meio do tratamento que os outros nos dão. O autor considera a informação dos outros sobre nós como um fator influenciador da nossa autopercepção e, conseqüentemente, das nossas atitudes; a auto-identificação, assegura Leite, depende dos outros tanto quanto de nós mesmos, o que está de acordo com as afirmações de Maisonneuve (1977).

Leite (1993) apontou a existência de dificuldade de identificação, pelo aluno, devido ao grande número de educandos. O professor, que teria um papel na determinação da identidade do aluno, com sua percepção atomizada, dividida entre muitos, estabelece uma padronização. Por conseguinte, o alunado passa a ser uma massa uniforme da qual o professor espera sempre as mesmas atitudes. Salvo nos casos extremos que se destacam, poucos são os que conseguem identificar-se no núcleo da ação docente.

Na escola, segundo Leite (1993), há uma tendência intelectualista de valorização e acentuação das qualidades da inteligência. O aluno, visto com estas qualidades pelo professor, acaba comportando-se desta forma, assume este papel. A percepção de uma qualidade pelo professor, assim como a valorização e outros elementos mais complexos, determina o seu desenvolvimento no aluno. Quanto aos papéis sociais, o professor, muitas vezes, encarna os padrões ideais da sociedade, influenciando na *boa* formação do alunado.

Leite (1993) parte da perspectiva interacional na sala de aula, na relação professor–aluno, para discutir questões relativas ao processo de identificação pessoal e toca em aspectos inerentes à formação do aluno enquanto na situação de ensino, à sua identificação com o ato de estudar, ensinar–aprender e ao seu papel nessa situação específica. Com base nas suas afirmações, entendemos a situação de ensino–aprendizagem como determinante dos papéis dos agentes, o sucesso de uns e o fracasso de outros ligados a dificuldades a ela inerentes e que são difíceis de contornar. A massificação dos alunos vem a ser a solução mais utilizada e, no entanto, a menos benéfica para a identificação dos sujeitos como agentes da interação. Os aspectos apontados por Leite direcionam mais uma vez a discussão para a questão do vínculo professor–aluno como um fator de grande influência, tanto na determinação dos papéis como na constituição dos seus participantes, notadamente o aluno.

Num estudo feito por Rosental e Jacobson (1993) sobre a influência das expectativas nos resultados da educação, são descritos experimentos em que os responsáveis por sua condução eram informados sobre a capacidade de animais experimentais; se eles estavam aptos ou não para aprender ou se apresentavam alguma característica individual que os impossibilitasse desse feito. O que se verificou foi que o desempenho dos animais seguia as expectativas de seus experimentadores, ou seja, os animais caracterizados como capazes ou incapazes de um dado desempenho apresentavam o desempenho correspondente. Experimentos feitos com seres humanos, entretanto, não geraram resultados uniformes. Em um deles, os sujeitos considerados mais inteligentes tiveram um desempenho mais positivo do que os considerados mais estúpidos, mas, em outro, essa diferença não foi verificada. Os autores avaliam que isso se deve ao fato de que *os experimentadores procuraram não se influenciar por suas expectativas negativas em relação aos sujeitos*.

Seja como for, o importante a se concluir é que as expectativas *podem* determinar desempenhos, ainda que *não intencionalmente*. Podemos supor, assim, que os papéis na situação de ensino também estejam relacionados com determinadas expectativas, as quais, de uma maneira ou de outra, os agentes da situação devem ter; isto estaria de acordo com as afirmações de Maisonneuve (1977). É comum, na escola, um aluno ser reconhecido por seu desempenho nas tarefas escolares. Já falamos anteriormente (Leite, 1993) sobre a tendência intelectualista da nossa cultura em relação a determinadas qualidades que acabam sendo estimuladas por sua apresentação.

Como campo de interações sociais, a relação pedagógica é, também, fator influente na socialização do indivíduo. Bohoslavsky (1993) fez uma análise a esse respeito, dizendo que, na relação pedagógica, se estabelece um vínculo de dependência do aluno em relação ao professor. Isto, a seu ver, leva à atitude passiva do aluno, apesar de haver, atualmente, no ensino, uma tendência a focalizar a atenção nas atividades dele. Para o autor, ainda que a atuação do aluno seja pleiteada, quem determina as regras é o professor, assumindo, assim, posição de liderança na relação. O professor passa a ser, então, o elemento norteador da relação, aquele que dará o tom, o ritmo, determinará as funções de cada um e, conseqüentemente, as atitudes do aluno. Assim, as ações do aluno como aprendiz e suas atitudes em aceitar e seguir as determinações do professor estão, em grande escala, nas mãos do docente.

No entanto, se levarmos em conta que, do ponto de vista relacional, ambos estão em influência recíproca, esta afirmação não pode ser vista de modo contundente. Elbers (1992) assegura que o desenvolvimento da criança não está apenas ligado à sua relação com adultos. Ela também é um grande contribuinte no seu desenvolvimento. Notam-se, nas suas brincadeiras infantis, demonstrações de tentativas de representar papéis e criar estratégias de ação. Ainda que o ambiente social de desenvolvimento seja disposto por adultos, a criança exerce alguma seleção, participando, de algum modo, da construção do mesmo. O que a criança aprende e o modo como a experiência a afeta sofrem restrições e são, de certa maneira, dirigidos por ela (a esse respeito ver também Carvalho, 1987). Assim sendo, no caso da situação pedagógica, considerar apenas a influência do professor pode ser um erro. Se estivermos estudando uma situação em que vários indivíduos se relacionam, há que se levar em conta tanto as influências e ações de um quanto as do outro. A atitude de liderança do professor depende, pois, em certa medida, da atitude de liderado do aluno.

O que se vê bastante presente nas análises dos autores é a constante imputação de um certo poder ao professor. O fracasso ou sucesso (Patto, 1987, Rosental e Jacobson, 1993), a identificação (Leite, 1993) e a socialização (Bohoslavsky, 1993) são todos considerados como resultados da ação do professor. Parece que ele é o único que age na situação. Será assim? A maioria dos estudos citados refere-se a *interações*, *relações*, algo que necessariamente pressupõe a existência de mais de um ator. O que nos dizem os autores sobre a ação do aluno? Quem esbarra nesta questão é Patto (1987), quando diz, no início de seu estudo, como citado anteriormente, que o aluno é pouco ou nunca ouvido.

A centralização das análises na ação do professor encerra uma crença de que a ação do aluno é secundária ou ativada pela do professor. Um exemplo de como o aluno surge como ser passivo na situação de ensino–aprendizagem foi dado por Mello (1993), quando falou das avaliações na educação. O critério utilizado para definir que certos objetivos foram alcançados era expresso por *mudanças no aluno*. A competência do professor comprovava-se pela sua eficiência (aprendizagem do aluno) e eficácia (resultados sociais valorosos). Concluímos, assim, que Bohoslavsky (1993) tem razão ao dizer que a relação pedagógica se baseia num vínculo de dependência. O problema existe, no entanto, quando esta dependência perpetua-se. Logo, cabe analisar a natureza, a qualidade desta dependência e, mais do que isto, a qualidade das mediações que possam levar a uma ruptura da mesma.

Se os professores consideram que o aluno é o responsável pelo seu próprio fracasso, isso significa que ao aluno é dada a responsabilidade de aprender. Dessa forma, o seu papel é o daquele que aprende. O professor é aquele que ensina. Por conseguinte, fica por conta do aluno "tomar" o que lhe é dado, o que ele faz, ou não, de acordo com sua vontade. O professor, por sua vez, ensina, quer o aluno tenha ou não "tomado" aquilo que lhe foi ensinado (Carraher, 1991).

Lembramos o estudo de Tunes, Silva e Oliveira (1994), em que os alunos se posicionaram como se não fossem eles os agentes da situação. Ao avaliarem a ação do professor, consideraram-na boa; ao colocarem-se no lugar dele, deixaram escapar a sua insatisfação com a situação real e expressaram sua idéia de que ela deveria mudar. Vemos, assim, que o aluno se assume como passivo e posiciona o professor como ativo. Não é difícil imaginar o porquê dessa contradição. Na sala de aula, o aluno está diante de um indivíduo que fala, que dá atividades, exige, corrige trabalhos, etc. É fácil colocar-se na posição de receptor, nesse caso, visto que ele (o aluno) está sempre escutando, fazendo o que o outro manda e, nas poucas vezes em que tem a oportunidade de assumir o papel ativo, o faz porque o outro determinou. Ou seja, de fato, muito pouco se faz em direção a uma quebra da dependência.

A noção de que os papéis sociais estão de acordo com modelos e normas socialmente estabelecidos vai ao encontro da idéia de que uma das atribuições da escola é definir as funções sociais dos indivíduos. Ela é também condizente com a nossa concepção de que os papéis sociais na escola são determinados pelas funções que cada um exerce, concretamente, na situação, entendendo-a como multiplamente determinada. Podemos pensar, ainda, na influência que tal determinação tem na formação da personalidade do indivíduo. Seus modelos de liderança e submissão, de professor e de aluno são assim definidos, o que faz surgir uma circularidade na formação da noção de aluno e professor, determinando também a sua permanência. Essa relação entre modelos e papéis pode ser levada em consideração também quando nos referimos à valorização que nossa cultura dá à inteligência: os alunos concebidos como inteligentes assumiriam esse papel social não só na escola como na vida.

A necessidade de convívio para o estabelecimento de um papel social e a noção de que este não existe sem interação, juntamente com as considerações feitas sobre o fracasso como algo geralmente atribuído ao aluno, fazem surgir uma questão, visto que, conforme a teoria das atribuições de causalidade, o indivíduo tende a se autoproteger (Kelley e Michela, 1980). Como explicar, então, a atitude do aluno de assumir a responsabilidade pelo fracasso, já que estaria também propenso a se autoproteger?

Zanotto (1985), ao fazer uma análise das relações de trabalho na escola, ajuda-nos a discutir essa questão. Com base em informações obtidas a partir de observações de atividades da escola, incluindo aulas, recreio, conselhos de classe, conversas informais e também a leitura de documentos a ela dirigidos por instâncias superiores, a autora examina as ações dos seus participantes e as representações delas inferidas. Nas suas conclusões, Zanotto destaca a existência na escola de uma diferenciação entre os que concebem e os que executam, os que mandam e os que fazem, os que controlam e os controlados. As instâncias educacionais externas, *quem concebe*, estariam presentes na escola de maneira velada, ou sob a forma de cartas circulares delineadoras do trabalho, que compreendem desde o conteúdo a ser ministrado até as formas de avaliação, ou na figura do supervisor como fiscal da sua realização. O professor aparece como mero executor de decisões. Tal estrutura hierárquica e burocrática produz, conforme a autora, uma concepção também hierarquizada do trabalho, culminando na relação professor–aluno.

A separação entre controladores e executores seria, a nosso ver, análoga à disjunção entre teoria e prática, entre quem sabe e quem não sabe e, em última instância, entre quem ensina e quem aprende. Retomando o exposto por Carraher (1991) sobre a delegação de responsabilidades pelo professor, cabe ressaltar, então, a base para esse tipo de afirmação: a noção de que quem executa a ação de aprender é o aluno, e que o papel do professor é exercer o controle sobre essa execução. Segundo Zanotto (1985), na sala de aula é o professor que controla a situação e acaba por reproduzir a estrutura de poder à qual está submetido. Com isso considera o aluno, elo mais fraco da cadeia, alguém por quem pouco se pode fazer ou de quem pouco se pode esperar, por suas características e origem social.

Nesses termos, torna-se difícil reestruturar ações e estabelecer atitudes reciprocamente orientadas, não voltadas para o vínculo de dependência. Isto porque o professor não pode considerar o que o aluno apresenta, suas dúvidas ou interesses, tem de seguir uma determinação estabelecida por outrem, por instâncias externas à relação e alheias ao conhecimento que o professor tem de seus alunos na situação pedagógica.

Retornando à questão que motivou toda essa discussão, concluímos que, ao reproduzir-se na sala de aula a estrutura de poder vigente, o aluno, elo mais fraco dessa estrutura, não tem outra saída a não ser assumir a responsabilidade pelo seu fracasso.

A possibilidade de a idéia de papel social e estatuto influenciar na noção que o indivíduo tem de si é o elo fundamental das nossas conclusões. A partir dela nós extrapolaremos a sentença dos autores anteriormente citados e afirmaremos que a situação de ensino constrói não apenas o aluno, mas também o professor, pois, do nosso ponto de vista, ele também é um sujeito em construção no processo. A reprodução da estrutura do ensino na sala de aula é um ponto importante a considerar-se na elaboração dessa noção. De modo geral, podemos supor que é difícil para o professor ver-se como agente transformador da estrutura social, pois ele sequer consegue influenciar a estrutura à qual está submetido. Se o próprio professor não é autônomo, sendo restringido pelo papel que é forçado a desempenhar pelas instâncias superiores, então seria, para ele, difícil agir no sentido de dar autonomia ao aluno.

Capítulo 3

As concepções de professores reveladas em seus relatos verbais

Com o objetivo de assessorar professores universitários na resolução de problemas relativos ao ensino de suas disciplinas, foi desenvolvido, em 1978, um procedimento para tratar e analisar os seus relatos verbais (Bori e colaboradores, 1978; Dal Pian, De Rose e Tunes, 1978). Tal procedimento consistia em anotar, analisar e sistematizar informações coletadas em reuniões com os professores, devolvendo-as a eles. Dessa forma, eles puderam formular suas próprias conclusões sobre a análise e, assim, refletindo sobre suas concepções, procederam a reformulações a respeito dos problemas, tornando suas próprias idéias cada vez mais claras para si. Os resultados advindos do emprego daquele procedimento acabaram por gerar a necessidade de aprofundar-se na investigação psicológica dos relatos verbais (ver Tunes, 1997).

O presente estudo tem seu procedimento de coleta e análise de dados baseado nesses trabalhos, que trouxeram resultados interessantes sobre os processos psicológicos envolvidos nas relações estabelecidas pelo pesquisador com os sujeitos participantes das pesquisas, conforme mostraremos a seguir.

Tunes (1981) realizou um trabalho de pesquisa em que, por meio da análise de relatos verbais, procurava identificar dificuldades de alunos de pós-graduação (participantes voluntários) na formulação de seus problemas de pesquisa. Seu objetivo era encontrar uma maneira de transmitir aos participantes a forma pela qual as verbalizações por eles apresentadas se relacionavam entre si, qual o significado que tinham para o leitor de suas idéias e facilitar, assim, a análise de seus próprios relatos. Foram feitas e gravadas, com o consentimento de cada participante, entrevistas semipadronizadas, por meio das quais se obtinham as primeiras informações e faziam-se os primeiros delineamentos para continuação do trabalho. As entrevistas eram realizadas segundo um roteiro de questões, tratando, principalmente, de aspectos correspondentes à relação do entrevistado com a atividade de pesquisar, com a pós-graduação e com o seu problema de pesquisa.

Após a entrevista inicial, realizada individualmente com cada participante, a pesquisadora procedia à análise das verbalizações, procurando identificar classes gerais de conteúdo verbal. Para tanto, lia-se a transcrição da entrevista e, a cada verbalização do participante, buscava-se responder às seguintes questões: "(...) a que o participante está se referindo?", ou "qual o conteúdo de seus relatos? O que esse conteúdo informa sobre o problema de pesquisa do participante?", ou "qual a sua relação com o problema de pesquisa?" (Tunes, 1981, p. 40). As respostas a estas perguntas constituíram, então, as classes de conteúdo verbal, segundo as quais eram classificadas todas as verbalizações do participante.

As verbalizações classificadas passavam, assim, a ser um instrumento para avaliar-se as inferências estabelecidas pela pesquisadora sobre a articulação lógica dos enunciados produzidos pelo entrevistado. Todos os relatos tinham seu conteúdo identificado, bem como verificada a relação destes com o problema de pesquisa de seu relator. O objetivo era tornar o participante ciente das inferências, feitas pela pesquisadora, sobre o significado de suas verbalizações. A devolução ocorria na forma de um caderno que continha todas as verbalizações do participante, classificadas conforme o seu conteúdo.

Segundo Tunes (1981), a origem das dificuldades na formulação de problemas de pesquisa foi verificada por meio da análise da relação entre os diversos conteúdos dos relatos. Os resultados mostraram que as dificuldades dos alunos se caracterizavam pela presença de conteúdos fragmentados que não se relacionavam com os demais relatados; pela existência de lacunas em conteúdos importantes, relativos à elaboração de perguntas e a suposições sobre o fato apontado como indicador de problema de pesquisa e, ainda, pela incongruência de conteúdos das verbalizações contidas em classes diferentes.

A autora conclui que a dificuldade advém da não-articulação ou não-explicitação de relações claras, nos relatos dos entrevistados, entre

> referências a fatos como indicadores de problema de pesquisa; indagações sobre os fatos, pressupondo-os explicáveis; referências a suposições para explicar os fatos; e referências a formas através das quais é possível verificar suposições que explicam fatos (Tunes, 1981, p. 44).

A contribuição mais interessante daquele estudo foi a de que os participantes tiveram a oportunidade de rever o seu discurso analisado e sistematizado por outrem, conseguindo, assim, verificar a origem de sua dificuldade e resolvê-la.

Procedimentos similares de análise foram utilizados no trabalho de Simão (1982a e 1982b), que investigou a relação professor–aluno, e no trabalho de Torezan (1994), mencionado anteriormente, que investigou concepções de professores acerca do processo de ensino e aprendizagem.

Simão (1982a) afirma que as ações sociais caracterizam a interação professor–aluno em uma situação de ensino–aprendizagem, visto que ela envolve ações mutuamente orientadas entre os seus participantes (passadas, presentes ou esperadas como futuras), e os comportamentos de ambos são função de ocorrências tanto anteriores como simultâneas à interação.

O seu trabalho buscava descrever as relações professor–aluno, segundo controles comportamentais nelas atuantes, por meio da análise dos relatos verbais de uma professora. O procedimento de pesquisa adotado pela autora almejava manter os efeitos das interações pesquisador/participante, estruturar os contatos em função dos dados obtidos em contatos anteriores e veicular os dados em forma de informações sobre o fenômeno estudado. Esses dados eram elaborados em interações verbais planejadas em que ocorriam relatos verbais do participante. Seu interesse de estudo dirigia-se a inferir, a partir dos relatos, os controles atuantes nas relações professor–aluno.

O tratamento dos dados seguiu os seguintes passos: 1) agrupamento dos relatos, conforme o sujeito da ação relatada, em dois grupos – relatos de comportamentos da professora referentes a objetivos e estratégias de ensino, valores, expectativas e inferências da mesma e informações transmitidas durante a aula; e relatos de comportamentos do aluno referentes a estratégias de ensino, valores, expectativas e inferências da professora; 2) identificação de classes passíveis de estabelecer relação entre a ação do sujeito e a situação de ensino como um todo ou "o que a ação relatada tinha a ver com o episódio relatado" (Simão, 1982b, p. 40). Os relatos foram agrupados nas seguintes classes:

> 1 - comportamentos do aluno visados pela professora (ocorridos ou não em sala de aula, observá-

veis ou não); 2- justificativas da professora para os comportamentos visados do aluno; 3- suposições da professora sobre causas dos comportamentos do aluno; 4- comportamentos do aluno (relatados como) determinantes de comportamentos da professora envolvidos em procedimentos de ensino; 5- comportamentos da professora envolvidos em procedimentos de ensino; 6- comportamentos do aluno (relatados como) resultantes de comportamentos da professora envolvidos em procedimentos de ensino; 7- avaliações da professora sobre seus procedimentos de ensino (Simão, 1982b, p. 40).

As classes possibilitavam a percepção de variações de conteúdos comportamentais de acordo com a especificidade das interações e, ademais, permitiram verificar a função da ação de um membro na interação resultante das condições propiciadas pelo outro. A descrição do comportamento da professora em uma classe implicava também o comportamento do aluno "enquanto agente do evento controlador no comportamento da professora, para que as classes pudessem ser instrumentos descritivos de relações sociais" (Simão, 1982b, p. 42). Desse modo, foram formuladas classes de conteúdo que envolviam os agentes participantes na relação.

Os resultados demonstraram que, de modo geral, o comportamento da professora esteve mais sob controle das ações do aluno que de suas próprias ou de outras pessoas; a ação da professora baseava-se mais naquilo que esperava do aluno do que naquilo que ele efetivamente apresentava; o comportamento da professora e o do aluno eram reciprocamente controlados. A autora aponta o aspecto dinâmico da metodologia de análise dos dados, presente nas sucessivas avaliações e etapas de tratamento dos dados e exame, *passo a passo*, das implicações dos recortes feitos.

Simão (1982b) analisa a interpretação de relatos verbais como algo análogo a fazer suposições ou levantar hipóteses, em um contexto de solução de problemas, tomando-os como base para inferir sobre as relações professor–aluno. A autora finaliza referindo-se às implicações dos resultados de sua pesquisa na compreensão das relações professor–aluno como uma relação social, identificados os seus controles comportamentais.

Também analisando relatos verbais, Hewson e Hewson (1989) fizeram um estudo interessante. Verificaram, em dados da literatura, que alunos de diferentes idades, graus, habilitações e nacionalidades apresentavam idéias (*concepções alternativas*) sobre os fenômenos da natureza que divergiam das concepções comumente aceitas e que se mantinham em diferentes ocasiões. Esses dados, segundo eles, demonstravam uma falha de considerável magnitude no ensino de ciências.

Uma hipótese dos autores para explicar esse fato seria a influência, no ensino, de pressupostos construtivistas, segundo os quais o ser humano é tido como um ser hábil, ativo, intencional, adaptativo e autoconhecedor, que faz uso dos conhecimentos que já tem para construir novos, havendo inclusive livros-texto em que a aquisição de conhecimentos é guiada pela prioridade de conhecimentos do aprendiz. A persistência dessas *concepções alternativas*, segundo eles, acarretaria uma interpretação enganosa de novas informações, uma quebra do processo de elaboração de significado e o emprego da memorização para cumprir as demandas do ensino (isso vale como crítica à noção de Becker, 1995).

Os autores sugeriram solucionar tal problema já na formação dos professores de ciências, buscando levantar as suas concepções sobre os fenômenos da natureza como forma de capacitá-los a identificar as mesmas nos alunos, propiciando-lhes a exploração das implicações de suas visões e a organização de atividades que desafiassem as visões alternativas comumente encontradas entre alunos.

Com base nisso e focalizando o ensino de ciências, os autores realizaram um trabalho objetivando, primeiro, verificar que pensamentos os estudantes de cursos de licenciatura tinham sobre o conteúdo das disciplinas que iriam lecionar. Segundo, examinar como os alunos aprendiam e como os professores ensinavam, para compreender de que forma os pensamentos dos alunos influenciariam a ação dos professores e como isso poderia orientar a definição de estratégias para a sua formação. Terceiro, desenvolver uma tarefa para identificar concepções de docentes sobre o ensino de ciências.

A primeira etapa de seu trabalho foi a de delinear a tarefa. Para identificar a concepção que os respondentes tinham a respeito do ensino de ciências, a tarefa deveria: 1. influir e permitir-lhes refletir sobre os componentes de uma *concepção apropriada* ao ensino de ciências; 2. permitir a emergência de diversas visões sobre esses componentes sem induzir respostas de uma maneira particular; 3. permitir aos respondentes a referência a eventos cotidianos de sala de aula que pudessem ser ligados a idéias, em termos das quais seriam interpretados. Assim, foram realizadas várias entrevistas com trinta estudantes do programa secundário de licenciatura em ciências[1] (química, física, biologia, etc.), na tentativa de explorar conceitos associados a um rótulo – como planta, força ou ensino de ciências. Foi feita a apresentação de uma série de pequenos trechos escritos, perguntando-se ao entrevistado se, do seu ponto de vista, o trecho descrevia ou não um exemplo de ensino de ciências, se era necessário acrescentar algo para esse fim e em que ele se baseava para apresentar a sua resposta. As séries continham conteúdos de física, química e biologia.

A etapa seguinte, análise da tarefa, tinha como objetivo determinar se o respondente apresentava uma concepção que abrangesse os componentes *conteúdo*, *aluno* e *seus conhecimentos*, *aprendizagem* e

---

[1] No inglês, *secondary science certification program*. Os autores não especificam o local (faculdade, escola) em que os alunos estudavam.

ensino (a *concepção apropriada*, acima mencionada). Buscava-se, ainda, verificar em que extensão os componentes de uma determinada concepção seriam consistentes com as demais; comparar as concepções entre os respondentes e examinar, evolutivamente, as concepções de cada respondente, além de cotejá-las com a concepção de diferentes professores e com o desempenho do respondente em ensino de ciências e em diferentes ocasiões.

A análise das entrevistas foi feita conforme seis categorias: natureza da ciência, aprendizagem, características do aprendiz, justificativa para utilização de um método de ensino, técnicas de ensino preferidas, concepção de ensino de ciências. O procedimento de análise utilizado pelos autores incluiu a preparação de sumários a partir da leitura dos relatos transcritos, procurando manter as mesmas palavras do respondente para ter mais fidelidade ao seu ponto de vista. Em seguida, cada relato era classificado nas categorias cabíveis. Dentro de cada categoria, os relatos com pontos similares eram agrupados, resumidos em uma sentença e exemplificados com extratos do próprio relato. Finalmente, era elaborado um resumo geral das sentenças como uma representação da concepção de ensino de ciências do respondente. Esse resumo era mostrado a ele, desencadeando-se, então, uma nova entrevista, uma nova análise e, assim, sucessivamente. No decorrer da coleta de dados, a análise das entrevistas de cada respondente era feita de forma independente, sem referências ou comparações com as demais.

Hewson e Hewson (1989) concluíram que o procedimento que adotaram permitia identificar características das concepções sobre ensino de ciências. Para tanto, procederam à análise da consistência interna, para examinar a existência de contradições, e a da estabilidade, para verificar se ocorriam mudanças nas concepções dos entrevistados, de uma entrevista para outra. Constataram que o procedimento empregado era sensível a esses fatores, além de apresentar outras vantagens: dava, aos entrevistados, oportunidade de refletir sobre concepções diferentes das suas; permitia-lhes o acesso a visões diversificadas sobre cada componente de uma determinada concepção; possibilitava-lhes a referência a eventos do cotidiano da sala de aula e a sua interpretação em termos de idéias mais amplas; o esclarecimento de suas próprias visões e a melhoria de sua consistência. Entretanto, o procedimento apresentava desvantagens, conforme apontaram os próprios autores. O tempo necessário para coleta e análise de dados era muito grande. Além disso, o procedimento nem sempre proporcionava mudanças de concepções, e, quando o fazia, nem sempre era possível identificar, com precisão, a fonte das mesmas.

De qualquer modo, ao que nos parece, justificam-se os estudos e as pesquisas que utilizam o relato verbal como dado, no sentido, inclusive, do aperfeiçoamento dos procedimentos de coleta e análise de dados, na medida em que permitem a produção de conhecimentos importantes acerca de processos de pensamento e de solução de problemas.

A discussão a respeito do uso de relatos verbais como dado de pesquisa remete-nos à polêmica relativa à pesquisa qualitativa *versus* quantitativa, haja vista ser o estudo de relatos corriqueiramente considerado como um tipo de pesquisa qualitativa, recebendo as mesmas críticas a ela feitas. Mulkay (1981) fez uma comparação entre aqueles dois tipos de pesquisa, apontando as falhas de cada uma. Do seu ponto de vista, ambas as pesquisas não fornecem dados para a caracterização adequada de ações e crenças das pessoas. As análises delas provenientes ou são influenciadas por normas e, portanto, não espelham a realidade da existência de, por exemplo, contradições, ou não são descrições literais da ação, porque guiadas pelo interesse do pesquisador. O autor discute, então, a utilização da análise do discurso, visto não ser possível construir versões definitivas da ação, mas sim descrever formas recorrentes de discursos pelos quais são construídas. Tal análise focaliza não a ação em si, mas os métodos de que os entrevistados fazem uso para descrever e dar sentido às suas ações e às dos outros. Assim, seriam evitados problemas, ao lidar com material não observável, como ações já acontecidas ou idéias. Elimina-se também toda a inconsistência de detalhes da análise qualitativa tradicional. Ainda que a análise quantitativa seja apontada como a mais válida em estudos com uso de relatos verbais, sabemos que elimina vários aspectos interessantes acerca do fenômeno psicológico, visto que mascara uma tendência de estudar-se o objeto de forma dissociada, como no caso de Mizukami (1983), que separa o discurso da ação.

Na história da psicologia, é comum haver dicotomias: discurso e ato, corpo e alma, mente e corpo, empirismo e racionalismo, afeto e cognição. Depois de Platão ter separado a natureza em dois mundos, tornou-se difícil juntar novamente as coisas, e em psicologia não é diferente. Temos uma tendência a estudar as funções psicológicas isoladas, como se elas não estivessem relacionadas entre si, como se não houvesse influências mútuas entre elas. A cognição é estudada separadamente da memória e esta da aprendizagem e esta do desenvolvimento, e assim sucessivamente (Vygotsky, 1991).

Vygotsky (1987) criticou essa tendência da análise psicológica. Uma vez que o funcionamento do psiquismo como um todo complexo era aceito aprioristicamente, as relações e conexões entre essas funções eram assumidas como imutáveis e constantes, havendo pouca exploração das suas relações interfuncionais. Isso, conforme o autor, estabelecia o estudo das características das partes e não do psiquismo, propriamente dito, como um todo. A psicologia precisava, como na química, de uma unidade mínima de análise que contivesse as características do todo. Essa unidade, sugere o autor, seria o significado da palavra, como é a molécula, na química e, na biologia, a célula. Segundo Vygotsky, o significado da palavra é a menor unidade que contém as características do pensamento verbal.

Cabe ainda ressaltar, em relação à dissociação dos fenômenos psicológicos entre si, que o estudo de um fenômeno isolado de seu contexto descaracteriza tanto o fenômeno quanto o contexto, tendo em vista que os elementos desse todo reagem a qualquer transformação que nele ocorra (Bakhtin, 1992). O exame de relato verbal vem a ser uma alternativa na busca de se estudar os fenômenos psicológicos, na medida em que se apóia no estudo do significado a partir do relatado no relato (Tunes, 1984).

Vigotski[2] (1996) analisa a questão do uso de relatos verbais (ou testemunho[3] verbal) na pesquisa psicológica. Para ele, o informe verbal seria uma maneira de acessar o que não está diretamente ao alcance do experimentador, e a investigação subjetiva admissível só quando feita pela própria pessoa. Afirma que, assim como existem dados objetivos que só podem ser vistos com auxílio de meios indiretos (*e.g.*, telescópio, microscópio, fórmulas matemáticas), certos compor-

---

[2] O nome deste autor aparece grafado ora com *y*, ora com *i*, conforme traduzido do inglês ou diretamente do russo, respectivamente.

[3] Embora na tradução para o português da obra referida de Vigotski (1996) tenha-se empregado o termo "testemunho verbal", optamos pela expressão "relato verbal", por entendermos ser a expressão traduzida incompatível com a idéia do autor, conforme se verá adiante.

tamentos só podem ser inferidos por meio do relato do sujeito, não deixando, por isso, de ser objetivos. Logo, a análise do relato deveria ser uma tarefa importante da psicologia para investigar aqueles comportamentos que não podem ser observados diretamente pelo experimentador, considerando que os negar produziria uma lacuna no conhecimento sobre o comportamento humano.

A discussão sobre o acesso a eventos subjetivos ou privados está presente nas formulações de vários teóricos, antes mesmo de a psicologia constituir-se como ciência, permanecendo até os dias de hoje. Por exemplo, para Skinner, conforme salienta Tunes (1984), esses eventos podem ser estudados por meio de descrições feitas pelas pessoas, visto que construções verbais podem substituir ou suplementar eventos privados e podem ser transmitidas (como ao divulgar um procedimento de solução de problemas para ajudar outras pessoas a fazê-lo). Para Vigotski (1996), a investigação transcorreria de modo tal que, dada uma declaração do sujeito, uma pergunta seria apresentada pelo experimentador, de forma a introduzir variações, novas condições para a manifestação de outras declarações. A enunciação surge em resposta a atos de fala de outrem, inserida em uma cadeia de falas e constituindo um elo desta; produz-se para ser compreendida e orienta-se para o contexto do processo no qual está inserida (Bakhtin, 1992). Cabe salientar, entretanto, que não se trata de introspecção, uma vez que ao sujeito não se pode atribuir a posição de ser observador de si mesmo.

> O exame mantém-se até o final como *objeto* [grifo do autor] do experimento, mas tanto nele como no próprio informe introduzem-se, mediante perguntas, algumas variações, transformações, introduz-se um novo excitante (uma nova pergunta) que traz elementos de juízo sobre as partes não esclarecidas das perguntas anteriores (Vigotski, 1996, p. 14).

Ao que nos parece, portanto, a utilização do relato verbal na pesquisa psicológica implica assumir uma nova concepção acerca do que venha a ser o experimento psicológico. Nas palavras de Vigotski (1996):

> O próprio interrogatório não consiste em extrair do sujeito suas próprias vivências. A questão é radicalmente distinta, em princípio. A pessoa submetida à prova não é a testemunha que declara sobre um crime que presenciou (seu antigo papel), mas é o próprio criminoso, e, o que é mais importante, no momento do crime. Não se trata de um interrogatório *depois* [grifo do autor] do experimento; é uma parte orgânica, integrante do próprio e não se diferencia em absoluto dele, salvo na utilização dos próprios dados no curso do experimento. [...] Afirmo que é possível criar em cada caso individual uma metodologia objeti-

va que transforme o interrogatório do sujeito em um experimento científico rigorosamente exato (pp. 15-16).

Desse modo, as pesquisas de Bori e colaboradores (1978), Tunes (1981), Simão (1982a e b), Torezan (1994) e Hewson e Hewson (1989) podem ser consideradas iniciativas em direção à constituição do experimento psicológico como um empreendimento científico exato, na medida em que focalizam a locução em si mesma como informativa de um fenômeno desencadeado na própria interação pesquisador/participante e fornecem condições para a emergência de relatos precisos, já que a situação se apresenta como um problema para ambos (Tunes, 1984).

A utilização do relato como forma de o pesquisador ter acesso aos eventos privados, ou ao psiquismo, é possível se assumirmos a linguagem como funcionalmente organizadora do pensamento, se levarmos em conta que o pensar é influenciado pelo falar, ou pela palavra. Pensar e falar, segundo Vygotsky (1991), são duas funções distintas, de origens diferentes que, em um dado momento do desenvolvimento, se cruzam e originam uma dinâmica diferenciada na atividade humana. A relação pensamento e palavra surge e constitui-se no desenvolvimento histórico da consciência humana, sendo, assim, um produto e não uma condição para sua constituição (Vygotsky, 1987). O pensamento, que tem uma tendência sintética, mescla-se com a base analítica dada pela fala e torna-se mais organizado, possibilitando a análise dos nossos atos. A fala, por sua vez, de uma inclinação analítica, passa a ser mais sintética, pela influência do pensamento, ou seja, há uma repercussão mútua, não-linear, entre esses processos. Ao analisar os relatos de outrem e devolvê-los sistematizados a essa pessoa, o pesquisador age como um catalisador dessa organização.

Para compreender o funcionamento da palavra como *instrumento* da consciência é necessário que aquela seja analisada como signo social, entendendo-a como um apoio para o signo social, uma "...unidade verbalmente constituída..." (Bakhtin, 1992, p. 38), na medida em que os produtos ideológicos partem de uma realidade natural ou social – assim como os corpos físicos, instrumentos de produção e produtos de consumo – e refletem/refratam outra realidade atada a eles, a consciência. A consciência materializa-se em signos, que requerem o uso de outros para sua compreensão. Forma-se, assim, uma cadeia ideológica ligando as consciências individuais entre si, o que proporciona o surgimento de outros signos dessa interação (Bakhtin, 1992). A noção de que signos remetem a outros signos lembra o tipo de interação pesquisador/entrevistado como é vista na análise do relato verbal. As perguntas são lançadas com o fim de ampliar o que está sendo analisado, tornando os eventos psíquicos (ou a consciência) cada vez mais claros para ambos os envolvidos (Vigotski, 1996). Os produtos ideológicos, por conseguinte a consciência, partem de uma realidade social; logo, é necessário considerar a prática cotidiana da pessoa ao se estudar eventos privados (Tunes, 1984).

O ser humano, segundo Vygotsky (1987 e 1991), tem formas peculiares de refletir a realidade, formas estas que aparecem no meio sociocultural. A consciência vem a ser a organização objetivamente verificável do comportamento, imposta pela participação nas práticas socioculturais. O critério utilizado para definir consciência são suas propriedades organizativas. Nesse sentido, ela é, também, organização no mundo; tem uma natureza mutável, um caráter dinâmico e constitui-se nas dimensões intelectual e afetiva (Wertsch, 1988). A linguagem, como união de pensamento e fala, tem um papel organizativo no psiquismo do sujeito. Assim, estudando relatos verbais, estaremos, de alguma forma, examinando também aspectos relativos à consciência humana, e a devolução analisada de um relato à pessoa que o produziu pode ser vista como uma forma de organizar seu pensamento, suas idéias. A palavra constitui, assim, material para o estudo da consciência que, entendida como organização do pensamento e da palavra e como fato socioideológico não acessível a métodos emprestados das ciências naturais, deve ser o objeto de estudo da psicologia (Vygotsky, 1987 e 1991; Vygotski, 1996; Bakhtin, 1992).

Em meio a essa discussão fundamental a respeito do uso do relato verbal à luz da perspectiva histórico-cultural e, por conseguinte, da palavra como meio para chegar à consciência humana, que, por sua vez, deve ser o objeto de estudo da psicologia, retornamos ao objetivo do presente trabalho – analisar as concepções de professores acerca do ensinar e aprender. Nessa temática, como uma extensão da análise sobre pensamento e fala, interessa salientar a relação, elaborada por Vygotsky (1987), entre significado e sentido, que para nós se liga à relação entre subjetividade e objetividade (conforme veremos a seguir). Isso seria, também para nós, uma maneira de entender como, por intermédio do estudo do relato, se pode acessar a consciência humana, percebendo-a como subjetiva e objetiva, ao mesmo tempo. Portanto, subjetividade e objetividade seriam indissociáveis uma da outra.

Do ponto de vista de Vygotsky (1987), o sentido reúne todos os fatos psicológicos que surgem na consciência em decorrência da palavra:

> O sentido de uma palavra é o agregado de todos os fatos psicológicos que surgem na nossa consciência como um resultado da palavra. Sentido é uma formação *dinâmica*, *fluida* e *complexa* que tem inúmeras zonas que variam em sua estabilidade. Significado é apenas *uma dessas zonas* do sentido que a palavra adquire no contexto da fala. É a mais estável, unificada e precisa dessas zonas. Em diferentes contextos, o sentido de uma palavra *muda*. Ao contrário, o significado é, comparativamente, um ponto *fixo e estável que permanece constante com todas as mudanças do sentido da palavra que são associadas com seu*

uso em vários contextos (Vygotsky, 1987, pp. 275-276 – grifos nossos).

Ora, assim como o significado está contido no sentido, podemos dizer que também a objetividade está contida na subjetividade. Comparando o significado com a objetividade, lembramos o exemplo de Vygotsky (1991) sobre o surgimento do ato de apontar na criança. Uma ação que é inicialmente a tentativa de alcançar um objeto a distância torna-se apontar, graças à intervenção de outra pessoa que dá à ação da criança significado, transformando esse ato em um outro, com outro objetivo que não o de atingir diretamente o objeto pretendido, mas sim a ação de outrem. Ou seja, o significado pode ser entendido como algo que é determinado pelo outro social em um contexto objetivo; tal objetividade passará a fazer parte, tanto quanto o significado, da esfera dos sentidos para aquela pessoa. Logo, se entendermos que o sentido contém aspectos objetivos, já que é forjado em uma relação objetiva, podemos dizer, da mesma forma, que a objetividade está contida na subjetividade. O significado é a parte objetiva do sentido e, portanto, também constituinte da subjetividade.

Um outro argumento em direção ao embricamento da objetividade e subjetividade, com base nas suposições de Vygotsky (1987) sobre a relação sentido/significado, é o de que, geralmente, consideramos o que é objetivo como estável, fixo e imutável e o que é subjetivo como mutável, dinâmico e fluido. Nesse sentido, não há também como dissociar o afetivo do cognitivo, ou o subjetivo do significado. Objetividade e subjetividade participam de uma unidade dialética e são, portanto, indissociáveis. Na análise de relato, o pesquisador infere os significados. Se entendermos o significado como parte da subjetividade, ele carrega em si elementos das concepções do sujeito a respeito do tema tratado. Logo, por seu intermédio, podemos atingir a subjetividade.

Nessa discussão, cabe também considerar como Vygotsky (1987) supõe o surgimento do significado da palavra em diversas situações, visto que interessa, para o estudo do relato verbal, a contextualização do tema enfocado por pesquisador e participante na pesquisa. Segundo ele, a palavra emerge com um significado em uma operação e com outro em uma situação diferente, de acordo com o contexto, entendendo o significado como uma das zonas que o sentido da palavra assume em conformidade ao contexto da fala. A linguagem apresenta-se como detentora de um caráter mutável, com prevalência do concreto, das formas do conjunto. Nela são consideradas a dinâmica da fala, a polissemia e a plurivalência da palavra, constituindo-se um processo em constante mudança e evolução (Bakhtin, 1992). Então, na situação de pesquisa, o pesquisador toma como base exatamente o que faz sentido para o entrevistado, haja vista que, ao inferir os significados do relatado no relato, leva em conta que a fala está ligada ao contexto de suas atividades. Em outros termos, tendo como exemplo nosso trabalho, o professor não deixa de ser professor quando fala de suas atividades, e o pesquisador leva isso em conta ao analisar o significado de sua fala.

Para esclarecer um pouco mais essa discussão sobre a relação sentido/significado, tomemos como exemplo a palavra cravo. Cravo pode ser uma flor, uma erupção na pele, um instrumento musical antigo ou um objeto que serve para perfurar, pregar. Se introduzirmos uma frase com esta palavra em uma escola de música, em um salão de beleza ou em uma conversa sobre carpintaria ou jardinagem, em cada um desses contextos, esta mesma palavra terá seu significado modificado, ou, caso queiramos modificá-lo, teremos que deixar claro a qual significado estamos nos referindo. Desse modo, a frase "Ontem estava caminhando e pisei em um cravo" pode ser seguida da pergunta "E você feriu o pé?" ou de um comentário do tipo "Você foi capaz de esmagar uma flor, que maldade!", mas nunca se vai pensar que uma erupção de pele ou um instrumento musical foi pisado! A palavra, segundo Vygotsky (1987), é uma fonte de novas questões, discussões, temas; "...seu sentido nunca é completo..." e "...depende do entendimento da palavra como um todo na estrutura interna da personalidade" (p. 276), ou seja, sentido é pura subjetividade. Pensamos no seguinte esquema para ilustrar a relação sentido – significado – subjetividade – objetividade:

Vygotsky (1987) afirma, ainda, que a palavra não pode existir sem o sentido ou fora dele, assim como o sentido não existe fora da palavra. Dessa forma, podemos dizer que sem subjetividade não há palavra, e a palavra cria a subjetividade, como uma síntese dialética. A fala, escreve o autor, é um "movimento do elemento mais estável e constante do sentido, o significado, para suas zonas mais fluidas, para o seu sentido como um todo" (Vygotsky, 1987, p. 277). Nessa afirmação, parece-nos, está a questão fundamental, que ora discutimos, da presença inquestionável da subjetividade na palavra, no conceito. Nesses termos, fica claro, então, que, na análise de relato verbal, podemos encontrar uma forma de estudar os eventos privados a que apenas o sujeito tem acesso diretamente. Em outros termos, os eventos privados podem ser acessados por meio dos relatos do sujeito, o que pode ser feito na forma de resolução de problemas e com ênfase nas ações cotidianas da pessoa (Tunes, 1984).

Vale, entretanto, ressaltar que o pesquisador nunca atinge a totalidade dos sentidos que algo tem para um sujeito. Acessa apenas *fragmentos*, e é tentando organizar esses *fragmentos* que vai constituindo o seu conhecimento sobre o sujeito.

> ...nunca sabemos o sentido completo de algo ou de uma determinada palavra. A palavra é uma fonte inexaurível de novos problemas. Seu sentido nunca é completo. Em última instância, o sentido de uma palavra depende da compreensão que se tem do mundo como um todo e da estrutura interna da personalidade... (Vygotsky, 1987, p. 276).

Capítulo 4

Concepções sobre o processo ensino—aprendizagem: o professor, o aluno e o conhecimento

Os nossos dados foram coletados por meio de entrevistas com quatro pessoas: dois professores em formação do curso de licenciatura em química e duas professoras da Fundação Educacional do Distrito Federal (FEDF). Uma professora em formação tinha 27 anos de idade, sem experiência docente. O outro tinha 24 anos e, apesar de encontrar-se ainda em formação, já possuía experiência em ensino de 1ª à 8ª série. Uma das professoras, com 43 anos, tinha nove de experiência, lecionando física no ensino médio. A outra era professora de biologia, tinha 42 anos de idade e 17 de experiência nos níveis fundamental e médio. Esta última, à época da coleta de dados, era coordenadora de área, atividade na qual o professor trabalha fora da sala de aula com planejamento de estratégias de ensino.

Verificamos que os participantes apresentavam concepções distintas, segundo as referências à situação *real*, concretamente vivida, ou a algo *idealizado*. Apresentamos, a seguir, as visões de cada participante, em linhas gerais, de acordo com o resumo que lhes entregávamos na última entrevista, discutindo-as posteriormente.

Para Helga, o bom professor tem uma relação honesta com o próprio saber

Helga via a situação de ensinar–aprender incluindo os três componentes que a singularizam: o professor, o aluno e o conhecimento. Esses componentes relacionam-se, sendo indissociáveis, e, no processo de ensino–aprendizagem, seria essa relação triádica que se desenvolveria. Portanto, segundo ela, a boa química seria a química bem ensinada.

Ao professor caberia fazer a ligação entre a ciência e os alunos, agindo, assim, como ponte entre o conhecimento que os cientistas produzem e a sociedade. Por isso, o livro-texto precisaria ser reformulado, por não tratar o conhecimento de modo a fazer sentido para o aluno. A mudança no modo de tratar o conhecimento tornaria possível motivar o aluno.

O bom professor, segundo Helga, teria uma relação honesta com o próprio saber; na presença de uma dúvida, pesquisaria, procurando informar-se para explicar. O professor ao qual faltasse uma relação honesta com o próprio saber confundiria o aluno. O conhecimento seria o meio em que se daria a interação professor–aluno, havendo o conhecimento do aluno e o do professor. O conhecimento uniria a ambos, pois um professor só se definiria enquanto tal quando houvesse um aluno precisando obter um conhecimento. Mas o professor também aprenderia com o aluno, e, assim, o conhecimento ficaria cada vez mais enriquecido tanto para um quanto para o outro. O professor é a ligação entre o aluno e um conhecimento. A idéia de que o professor sabe tudo teria como base o fato de que a relação do aluno com ele tem como objetivo a obtenção de conhecimento. Essa relação só se estabeleceria por meio do conhecimento, mas o professor seria aquele que sabe mais, não o que sabe tudo.

Houve poucas referências, no relato de Helga, ao professor e ao aluno reais, talvez pelo fato de a entrevistada estar ainda em formação e, portanto, não ter dados concretos da realidade de trabalho como professora. Em alguns trechos, Helga pareceu-nos fazer um relato de experiência, pois remetia-se aos seus professores quando falava da situação em sala de aula e do modo como conduziam o ensino. Por isso, nós os consideramos referências à situação *real*. O professor *real* teria uma relação com os alunos calcada na valorização de certos atos. Assim, os alunos participantes da aula seriam mais valorizados; os que não procedessem assim seriam ignorados.

O papel do professor seria restrito. Ele não poderia desempenhar o papel de pai. Em relação à atividade de sala de aula, seria uma espécie de guia, seguindo sempre o livro-texto, dando aula e tentando passar para o aluno um pouco do que sabe. O aluno, por sua vez, teria total confiança no conhecimento do professor, não duvidando dele e não o questionando. Desse modo, o professor executaria ações que dirigiriam as ações do aluno, como escrever no quadro solicitando aos alunos que copiassem e prestassem atenção, ao mesmo tempo. A aula seria, então, monótona. Esse professor seria, também, responsável por traduzir o conhecimento do vocabulário científico da química para o cotidiano dos alunos, os quais dariam valor ao conhecimento escolar, desvalorizando o seu conhecimento do dia-a-dia. O aluno, entretanto, teria vontade de ter relações diferentes com o conhecimento, dependendo de sua faixa etária. O de quinta série, por exemplo, estaria mais interessado em fazer experiências, enquanto o de ensino médio estaria mais centrado no diálogo acerca do conhecimento.

Para Helga, a grande quantidade de trabalho e o baixo salário seriam condições às quais o professor está submetido e que o fariam acomodar-se diante do mau resultado de seu trabalho. A relação entre professor e aluno seria uma condição necessária para o processo ensino–aprendizagem acontecer, e a relação de ensino em que o professor se apresenta como um transmissor de conteúdos, convicto de estar sempre certo e impondo aos alunos o seu conhecimento, tirando deles as dúvidas, está mudando. O aluno, entretanto, aproximar-se-ia do professor sempre para obter conhecimento, o qual passaria a ser sua ligação com ele. Seu entendimento sobre quem é o professor seria por meio da atividade de ensino.

Um aspecto interessante do pensamento de Helga a respeito do processo ensino–aprendizagem refere-se à participação de componentes externos a ele. Do seu ponto de vista, melhorar e orientar o professor são funções da sociedade como um todo, assim como reunir-se e tentar desenvolver o conhecimento.

O relato de Helga é interessante para nossa análise justamente porque ela não tinha experiência docente. Com base nos dados obtidos com ela, podemos discutir um pouco as idéias de Mizukami (1983) no que diz respeito ao discurso dos professores. O exposto no relato de Helga pode ser comparado com o que Mizukami obteve quando aplicou os questionários aos participantes da sua pesquisa. Comparando-os, chegamos à conclusão de que, assim como os dados dos professores daquela pesquisa, os que obtivemos com Helga, supomos, estão baseados em idéias que a pessoa tem acerca de uma situação da qual não participa concretamente, ou seja, de uma situação idealizada. Ao apresentar afirmações sobre os quesitos que elaborou, Mizukami pode ter apresentado noções que poderiam combinar com a concepção ideal de cada participante, sendo, entretanto, diferentes daquela ligada à realidade concretamente vivida.

Relembrando a descrição de Zanotto (1985) a respeito da estrutura de poder que se configura na escola, veremos que o professor está sujeito a uma situação em que tem pouca ou nenhuma influência nos processos de decisão do seu ambiente de trabalho, dos métodos que adota e dos conteúdos que deve ministrar; ou ele está submetido a decisões vindas de instâncias superiores, externas à escola, ou ao que determina o diretor. Os dados de Mizukami (1983) não demonstram, necessariamente, uma contradição das pessoas, mas, talvez, um antagonismo entre o idealizado e o vivido, sendo este fruto de múltiplas determinações, incluindo a própria estrutura de poder na escola. O relato de Helga, assim como o dos professores na primeira parte do estudo de Mizukami, está isento da influência imposta pela situação real na qual são obrigados a seguir um padrão do qual, por vezes, eles mesmos discordam. O discurso da nossa entrevistada poderá, portanto, modificar-se quando estiver sujeita às condições reais de desempenho da profissão, como veremos mais adiante, principalmente nos relatos de Hagar e Raquel.

Os dados obtidos por intermédio do relato de Helga remetem-nos à idéia de que alguns problemas da educação não têm sua origem marcada estritamente na formação do professor, mas, também, nas condições de ensino a que estão submetidos, na própria configuração da sala de aula, que dificulta a proximidade com o aluno, na impossibilidade de o professor participar do planejamento de métodos e escolha de conteúdos, de livros-texto ou ainda no modelo de ensino que as escolas adotam e nas expectativas que estas geram sobre o seu trabalho. As concepções idealizadas de Helga a respeito do comportamento do professor e do aluno em relação ao conhecimento, certamente, seriam modificadas se ela fosse exposta a uma situação como esta, pois teria que reconstituir o que pensa em função do que a realidade oferece. De que maneira, por exemplo, o professor poderia pesquisar o interesse do aluno se tem um conteúdo a seguir? Como fazer o conhecimento ter sentido para os alunos e, assim, motivá-los nessas condições? Como atualizar-se dando quarenta horas de aula por semana? Todas essas questões participam das concepções que professores manifestam acerca do processo ensino–aprendizagem e as modulam.

O que queremos dizer é que toda concepção é contextualizada e, como produto de múltiplas determinações, forja-se segundo a estrutura social da qual brota e molda-se conforme a possibilidade concreta de participação dos atores nessa estrutura. Importa, pois, saber de que escola fala o professor: se a desejada ou a vivida, não se tratando, portanto, de uma contradição entre a teoria e a prática.

Hagar pensa que o professor deve escutar o aluno

Nos dados que obtivemos com Hagar, observamos algumas semelhanças com o relato de Helga. Para ele, o objetivo do professor seria relacionar o conhecimento do aluno com o conhecimento formal, diferentemente de Helga, que falava em tradução, mas com o mesmo fim, aproximar o aluno do conhecimento formalizado. Para tanto, segundo Hagar, seria necessário escutar o aluno, o que Helga apontou, mas de uma forma mais indireta, quando disse que a relação de ensino está mudando. Hagar afirmou que o interesse da educação seria a relação professor–aluno–conhecimento. No seu modo de ver, a ênfase em apenas um dos componentes seria ilógica e mudaria a realidade; seria um desvio do assunto. Nesse aspecto, sua concepção aproximou-se muito à de Helga. Mas do ponto de vista do *real*, para Hagar, o objetivo do professor seria passar o conhecimento, ação executada em forma de perguntas e respostas. Isso não invalida o que disse sobre a união necessária dos três componentes da situação, mas traz um dado da realidade que pode dificultá-la.

Ensinar, segundo ele, não pode ser um ato isolado, mas uma ação relacional que envolve recepção e transmissão de informações e conhecimentos. Novamente, sua concepção assemelhou-se à de Helga, quando ela afirmou que a relação professor–aluno é condição necessária para a ocorrência do processo ensino–aprendizagem. Hagar referiu-se à evolução cognitiva do aluno como algo que requer ligações entre os diferentes conhecimentos que possui, o que constitui uma relação explícita entre os três componentes, visto que, como citado anteriormente, o professor faria essa ligação. Na situação *real*, o professor é também responsável por despertar o interesse do aluno e conversar, além de promover a conscientização do aluno em relação ao conhecimento no sentido amplo do termo, o que seria uma forma de obter dados sobre esse interesse.

O aluno, para Hagar, a partir de suas percepções, faz combinações com o conhecimento que, para o professor, podem passar despercebidas, exigindo que este pesquise e se renove. Por ter acesso a conhecimentos que o professor às vezes não tem, fa-lo-ia repensar e reelaborar os seus conhecimentos. Haveria, portanto, uma construção recíproca dos atores do processo: o aluno agiria em favor da construção e reelaboração dos conhecimentos do professor e este último estabeleceria, com sua atitude, qual seria a postura do aluno na situação de ensino. Helga pareceu nos dizer algo a esse respeito quando se referiu à construção mútua de professor e aluno, mas não se aproximou do que foi dito por Hagar. Essa relação do aluno com o conhecimento, para Hagar, seria um dado da realidade. O aluno, para ele, de fato, executaria esse tipo de ação, apresentando ao professor dados para os quais este não havia atinado. Mas, na situação *real*, o professor teria medo de errar, pois se envaidece com o seu conhecimento e, ao deparar com algo que não soubesse, ficaria extremamente desapontado e poderia, também, causar um desapontamento no aluno. Hagar não apresentou uma solução para a questão do medo de errar do professor no plano *real*. Quem nos forneceu uma possível solução foi Helga, e no plano *ideal*. Ela apontou a possibilidade de o professor – quando não soubesse a resposta para alguma pergunta – ser honesto com o aluno e procurar informar-se. Caso contrário, forneceria uma informação errada, o que, na sua avaliação, acarretaria conseqüências ruins.

No processo ensino–aprendizagem, segundo Hagar, no plano *real*, quem passa o conhecimento é o professor, e quem recebe é o aluno, mas, no plano *ideal*, isso seria passível de inversão. O entrevistado afirmou que o professor teria um poder sobre o aluno, para quem aquele é o portador do conhecimento. Assim, haveria professores com medo de errar para não decepcionar o aluno, e outros envaidecidos com a posição de portadores do conhecimento. O estabelecimento de uma relação afetiva entre alunos e professores geraria a possibilidade de formação ideológica do aluno, fator este que influenciaria na sua motivação e forjaria uma relação de dependência que seria maior no nível do ensino fundamental do que no médio. Dessa forma, segundo Hagar, o aluno desconfiaria do professor que errasse. Ou seja, para ele, haveria uma relação prévia de confiança do aluno para com o professor calcada em termos do conhecimento deste. Assim, o professor seria visto como aquele que sabe, e, se demonstrasse dúvida, essa visão estaria comprometida. Não vimos, no relato de Helga, afirmações semelhantes a essas, a não ser em relação à confiança que o aluno depositaria no professor como possuidor de conhecimentos, aproximando-se dele com o fim de obtê-los, e em relação às dúvidas do professor quanto aos seus conhecimentos, devendo procurar informar-se para poder responder. É interessante notar que essas afirmações de Hagar diziam respeito ao plano *real*. Portanto, fica coerente o fato de não encontrarmos semelhanças no relato de Helga, visto que ela ainda não participava das condições reais de exercício da profissão.

Segundo Hagar, uma bem-sucedida tarefa de ensinar requer, além do conhecimento, um certo carisma, um jeito, um dom, uma certa habilidade para lidar com o alunado; o jeito de ensinar, de exigir desperta o interesse do aluno e pode determinar o seu sucesso. Essa referência ao aspecto afetivo da relação de ensino–aprendizagem também não encontramos explicitamente no relato de Helga. Importa salientar um ponto interessante no relato de Hagar, ao falar da questão do dom. Pareceu-nos que a inclusão do *ter dom* como uma característica do professor *real* teria uma dupla significação. Uma explícita, segundo a qual para ser professor é necessário ter dom, jeito, uma *queda* para a profissão, e outra, implícita, que parece dizer para o bom professor que o dom é uma função. Isto é, parece haver um aspecto subjetivo nessa função, algo que é relativamente independente de formação acadêmica e liga-se à formação pessoal.

Um outro aspecto interessante nos dados obtidos com Hagar é o fato de que transita entre a posição de aluno e a de professor, é um aluno que já tem alguma experiência docente e que já deparou com alunos que o fizeram refletir sobre o seu conhecimento e procurar informar-se sobre o que sabe, para dar conta do que os alunos requerem. Podemos afirmar, então, que, para Hagar, essas duas ações são mais fáceis de executar por ainda estar na condição de aluno. Quando diz que o professor tem medo de errar para não perder a confiança dos seus alunos, ele pode estar se referindo à sua experiência como aluno, que já questionou professores que ficaram em dúvida com seus questionamentos. A sua experiência com seus alunos pode ter servido como base para muitos dos seus questionamentos. Provavelmente trazia, para as aulas na universidade, dúvidas que coletava com seus alunos.

Com isso, voltando às afirmações de Torezan (1995) quanto à necessidade de questionamentos do professor como parte do processo de resolução de problemas de ensino–aprendizagem, podemos admitir que o professor que não tem oportunidade de colocar-se no papel de aluno pode apresentar dificuldade de questionar, o que acaba tornando-se uma característica importante do seu discurso em relação aos problemas de ensino–aprendizagem que surgem no seu quotidiano. O professor, muitas vezes, não se questiona, talvez por se considerar acabado e crer que seu conhecimento é completo, tendo dificuldade, portanto, de ver-se como um aluno, um aprendiz, e expor suas dúvidas relativas ao conhecimento, o que, por sua vez, poderia vir a figurar como barreira para refletir sobre suas próprias ações.

Veremos a seguir, no relato de Raquel, um pouco do que são as condições às quais o professor está sujeito na situação *real* de ensino e que nos trouxeram dados para as reflexões que fizemos acerca do que pesquisadores (Carraher, 1991; Torezan, 1994, Tunes, Silva e Oliveira, 1994) comumente apontam como incoerências no discurso dos professores em relação ao processo ensino–aprendizagem.

Para Raquel, o ensinar e o aprender refletem a organização imposta pela instituição de ensino

Raquel concebeu o ensinar e o aprender de forma relacionada à organização imposta pela instituição de ensino. O modo como a instituição organiza-se determinaria o papel do professor, do aluno, a maneira como relacionam-se mutuamente e com o conhecimento, os resultados da situação pedagógica, bem como sua configuração.

No seu discurso, vimos, então, duas instituições, uma *real* e outra *ideal*. As características gerais da instituição *real* incluiriam a falta de gerenciamento de tempo em relação ao número de alunos, de professores e de disciplinas; a impossibilidade de trabalho em grupo; a separação de teoria e prática; a resistência a inovações e a atribuição de seus papéis aos professores.

Todos esses aspectos determinariam a dinâmica da sala de aula, a concepção que o aluno teria de si e do professor e o comportamento do professor e do aluno. A instituição *real* teria, então, um professor autoritário, sem iniciativa, que trabalharia individualmente, seria muito exigido e estressado, que age pelo aluno e é desvalorizado. O aluno dessa instituição, por sua vez, seria um espectador, consideraria o professor como o agente da situação de ensino, delegando a ele a responsabilidade pelo seu aprendizado; esperaria a ação do professor, não se encarregaria de sua formação, não teria conhecimento sobre o seu querer. Sua relação com o conhecimento seria a mesma que teria com a televisão. O conhecimento, na instituição *real*, seria desarticulado e seguiria um programa. Nela, o professor teria de enfatizar o fundamental e o programa do vestibular. Haveria uma relação de autoridade entre o professor e o aluno nessa instituição. Os trabalhos seriam divididos e existiria uma separação grande entre eles. Os três componentes da situação de ensino (professor–aluno–conhecimento) estariam separados, de forma que, mesmo se inter-relacionando, existiria algo próprio de cada um, a relação poderia ser percebida, mas não contemplada pela instituição.

Encontramos, no relato de Raquel, alguns aspectos comuns às concepções de Helga e Hagar, mas, também, muitas diferenças. Os comuns seriam em relação à autoridade do professor, à atitude passiva do aluno e aos objetivos do ensino (transmitir/passar conteúdos). As diferenças assumem uma dimensão qualitativa. Enquanto o discurso dos primeiros está carregado de concepções idealizadas mesmo da atuação do professor *real* (*e. g.*, tentar abranger os conhecimentos do aluno, despertar seu interesse) ou do aluno *real* (*e. g.*, fazer combinações entre o conhecimento que tem e o veiculado pela escola), no relato de Raquel vimos uma característica mais incisiva. O professor e o aluno partilham uma relação quase desconexa, um só é o agente, o outro é paciente. Não se vêem referências a ações do aluno, a não ser na dimensão da passividade. O aluno *espera* que o professor aja por ele e *assiste* ao conhecimento como à televisão. O professor age pelo aluno. Não é de se admirar que ele tente resguardar-se da responsabilidade pelo fracasso escolar. É um modo de se destituir de mais uma responsabilidade, visto já estar tão sobrecarregado de tantas outras.

O professor estaria sendo exigido muito além do que pode suportar, por isso estressa-se. Raquel chega mesmo a elaborar hipóteses sobre a saúde do professor e aponta o que poderia ser um tema interessante de pesquisa – as doenças que mais acometem os docentes. Pelo lado do aluno, vemos que a configuração dissociada do processo de ensino–aprendizagem, como mostraram Tunes, Silva e Oliveira (1994), sofre também influência da estabelecida pela instituição e não apenas pelo professor. Lembramos também as conclusões de Moraes (1989) sobre aspectos afetivos ligados à questão do envolvimento do aluno com conteúdos que, para ele, não fazem sentido por estarem distantes da sua realidade e pelo fato de a escola não se basear nos seus interesses para formular objetivos de ensino. O que interessa, como diz Raquel, é o que vai ser exigido no vestibular. Essa é a realidade de uma professora que trabalha com o ensino médio: o objetivo de todo o seu trabalho é o vestibular. Nas condições concretamente vividas, Raquel dissocia o ensinar do aprender e demonstra que essa concepção é forjada na própria estrutura da instituição escolar e nos modos como admite a figura e o papel do professor. Todavia, Raquel não se mostra satisfeita e em acordo com o que ela própria faz, e apresenta suas críticas, ao idealizar a escola e a situação pedagógica como um todo.

No extremo oposto, portanto, viria a instituição *ideal*. Nela, seriam privilegiados os relacionamentos, o estímulo ao trabalho em grupo, a facilitação do trabalho pela diminuição do número de alunos, o aluno como componente ativo, o professor como um orientador, o estímulo à iniciativa em fazer empreendimentos, a atividade prática em evidência, a preocupação com a formação de indivíduos autônomos e a busca de autonomia dos atores do processo. A partir dessas características gerais, as dos participantes da situação pedagógica sofreriam alterações, de tal forma que estes seriam configurados de maneira contrária aos da instituição *real*. Assim, o professor teria iniciativa e trabalharia em grupo, seria exigido dentro de suas possibilidades, estaria mais próximo do aluno, agindo como um orientador, estabelecendo os conteúdos a serem ministrados, envolvendo-se com a informação dada. O aluno seria ativo, atuando junto com o professor, trabalhando para sua formação e sendo responsável por ela. Seu objetivo seria profissionalizar-se e estaria na escola para entender o mundo, tendo interesse por atividades práticas. Ambos estariam envolvidos como iguais na relação, havendo uma conquista mútua entre eles. O conhecimento seria interligado e modificado de acordo com a demanda. O *que* e o *como* estudar seriam considerados na elaboração dos objetivos do ensino. Um desses objetivos seria mostrar o que seria importante saber dentro da disciplina estipulada, os interesses do aluno estariam ligados aos objetivos de ensino, o que fosse visto na teoria seria acompanhado com a elaboração de trabalhos práticos, não existiria separação, não haveria autoridade, ninguém tomaria a palavra, o trabalho seria coletivo.

A concepção *ideal* de ensino–aprendizagem de Raquel tem vários pontos em comum com as de Helga e Hagar. O aluno seria um membro ativo na relação, e todo o conhecimento seria elaborado no sentido de atender a suas necessidades. No entanto, há um aspecto nessa concepção de Raquel que é extremamente diferente daqueles encontrados nas concepções dos primeiros e que nos faz pensar na possibilidade de solução dos problemas de ensino – ela não está completamente no plano das idéias. Na verdade, quando fala da instituição *ideal*, Raquel refere-se, freqüentemente, a situações que tem vivido nas suas aulas de laboratório. Com todas as dificuldades a que se vê submetida pela instituição *real*, Raquel conseguiu estabelecer uma situação *ideal* de ensino dentro da instituição *real*. É como se houvesse duas instituições existindo dentro de uma única. A *real* estaria mais relacionada com os altos escalões da estrutura de ensino – por exemplo, a Fundação Educacional e todas as suas chefias, direções, diretorias regionais e hierarquias superiores. A *ideal* estaria mais relacionada com pequenos grupos de professores e diretores de escolas que conseguem combinar esforços, no sentido de realizar pequenas modificações que são fundamentais e que não seriam muito difíceis de realizar, caso a hierarquia não fosse o motivo de vida das instâncias superiores e dessem mais ouvido e autonomia aos professores.

O trabalho de Raquel mostra uma falha na estrutura de poder que, de tão burocrática, é passível de burlar, mas apenas em um âmbito bastante restrito, como é uma simples situação de aula de laboratório. A burla decorre exatamente do excesso de burocracia: se Raquel apresentar suas idéias, certamente estas serão questionadas e adiadas *sine die* pelos entraves burocráticos.

Alguns aspectos apontados por Raquel ligavam-se a características gerais do professor, do aluno e do conhecimento que não estavam relacionadas às instituições especificamente, embora possam ser classificadas como *ideais*. Por exemplo, Raquel considerou que o professor não seria um profissional como qualquer outro; esse ator teria um papel diferente do papel do aluno, seria um ator no sentido teatral da palavra, influenciaria na formação do aluno, tanto profissional como moralmente, na medida em que expressasse a sua posição pessoal de vida; o aluno, por suas características, influenciaria na modificação do ensino que deve ser-lhe dirigido, precisaria ver que o conhecimento a que tem acesso funciona, o relacionamento com o professor seria importante para ele. Finalmente, para Raquel, cada uma das instituições (*real* e *ideal*) originaria metodologias diferentes de ensino.

As concepções de Raquel acerca do processo ensino–aprendizagem, ligadas à instituição *ideal*, fortaleceram nossa idéia de que há, de fato, uma noção segundo a qual, perante o conhecimento, o professor é diferente do aluno. Isso nos parece constituir uma barreira para que reflita sobre suas próprias ações, conforme já dissemos. Conhecer é concebido como um objetivo que se alcança em um ponto final; não é tido como um processo, um desenrolar-se infinito. Logo, perante o conhecimento, questionar, duvidar, é função do aluno, não cabendo ao professor fazê-lo. Portanto, perante o conhecimento, professor e aluno posicionam-se de maneira radicalmente diversa: um já sabe e o outro está por saber. Cabe, aqui, relembrar o que afirmamos ao discutirmos a condição de Hagar: ele está, ao mesmo tempo, na posição de professor e de aluno. Parece-nos que, para ele, refletir sobre suas próprias dificuldades torna-se mais fácil. Entretanto, não podemos pensar que isso valha para todos aqueles que estejam nessa mesma posição. É de se esperar que, às vezes, mesmo estando nessa situação, a pessoa possa pensar, por exemplo, que está em um nível superior de aprendizagem e, portanto, em posição diversa perante o conhecimento.

Morgana acredita que a escola não é a única responsável pela educação

Nossa última professora também mostrou uma concepção interessante. De maneira análoga à Raquel, ela já possuía uma vasta experiência de ensino, mas, semelhantemente a Hagar e, principalmente, à Helga, estava afastada da sala de aula, apresentando algumas peculiaridades interessantes na sua visão sobre o processo ensino–aprendizagem.

Ao falar da atuação do professor, Morgana referia-se, simultaneamente, ao conhecimento e ao aluno. Segundo ela, o professor *real* estaria inserido no contexto social e, como tal, misturaria um pouco os papéis de professor, de pai e de cidadão, reproduzindo, algumas vezes, na escola, a estrutura familiar. Para ela, o professor *ideal* seria um artista, teria que ter algo de criativo, induziria o aluno a ter vontade de aprender, faria com que ele sistematizasse um método de estudar. Esse profissional acrescentaria, modificaria e faria o aluno compreender o mundo.

O professor *ideal*, assim como os pais ideais, deveria mostrar ao aluno a importância da escola e qual seria o seu papel nela, ou seja, o papel do aluno perpassaria a ação do professor; ele não o saberia de antemão.

Do ponto de vista *ideal*, dependendo do domínio que o professor tivesse da disciplina, a aula poderia ser um momento descontraído, leve, relaxado. Ele deveria tornar o ensino sistematizado mais atrativo para o aluno, um lazer, uma atividade prazerosa e interessante; orientaria e estimularia a aquisição de conhecimentos mesmo fora da escola; estimularia a curiosidade do aluno, de forma que ele relacionasse o que sabe com o que estaria aprendendo; verificaria e mostraria a aplicação desse conhecimento no dia-a-dia do aluno. O professor tornaria o aluno participante, questionador e capaz de interpretar o mundo por meio do conhecimento sistematizado, o que o transformaria em um elemento modificador.

No plano *ideal*, avaliar o andamento da disciplina, ver quais os problemas existentes e trabalhar de modo diferente; adquirir novos conhecimentos para entender e resolver os bloqueios dos alunos; variar a abordagem da disciplina para facilitar a aprendizagem; levar o aluno a raciocinar de maneira adequada àquela disciplina, criando assim uma autonomia; mudar a estratégia para ensinar melhor; dar formação em termos de cidadania e participação política, não mera transmissão de conhecimentos; promover a sistematização e a elaboração do estudo pelo próprio aprendiz seriam atitudes que o professor deveria ter.

O professor precisaria ter uma formação firme. Quanto mais conhecimento tivesse, melhores as chances de explorá-lo. Isso lhe permitiria ministrar bem a aula e transmitir conhecimento de melhor qualidade. A maneira como trabalharia o conhecimento seria pré-requisito para melhores resultados. No plano *real*, entretanto, haveria professores que, apesar de sua bagagem de conhecimento, não conseguiriam desenvolver no aluno a autonomia e o gosto pelos estudos.

Quando falou do aluno, Morgana acentuou a relação deste com o professor e com o conhecimento, dizendo que o papel do aluno (*ideal*) seria entender a função da escola, do professor e também a sua relação com o professor; aproveitar a situação, o momento de ensino–aprendizagem; questionar. O momento de ensino–aprendizagem deveria ser agradável e importante para ele. Todavia, para Morgana, isso não está acontecendo. O ensino, para ser aproveitado pelo aluno, deveria ter um real valor, e isso seria esclarecido pelo professor e pela família. Sobre a relação professor-aluno, Morgana afirmou que esta evoluiu de um autoritarismo à liberação total, estando hoje em um ponto intermediário. Segundo ela, a desvalorização do professor, juntamente com o fato de estarmos repensando valores, dificulta a relação pedagógica.

A entrevistada entende o conhecimento como um instrumento de argumentação e reivindicação que poderia estender-se e seria aplicado a várias situações da vida. Apesar de importante, o conhecimento em si não seria suficiente. Seria necessário que o aluno tivesse domínio sobre ele e clareza sobre sua utilidade. Atualmente, o aluno (*real*) tem mais oportunidade de adquirir conhecimentos fora da escola por meio da informática e dos demais meios de comunicação. Por meio do conhecimento, o aluno (*ideal*) poderia interferir no mundo, conhecer suas possibilidades e superar suas limitações. No plano *ideal*, o conhecimento adquirido na escola estaria ligado à prática diária e a habilidades – como organização e eficiência. Uma vez que o aluno entendesse a sua utilização, poderia aplicá-lo a toda e qualquer área de atuação.

Morgana definiu também o papel da escola e fez algumas críticas a essa instituição e à maneira como, do ponto de vista *real*, vem sendo utilizada pelos pais. A escola não seria a única responsável pela educação dos alunos. Hoje, os pais estão deixando essa tarefa cada vez mais a cargo dela, o que desvirtua seu papel, ao assumir funções que não seriam de sua responsabilidade. Atualmente, a escola, segundo Morgana, mantém o *status quo* e reflete a desestruturação da família e da sociedade. No entanto, acentua a existência de uma busca intensa pelo reequilíbrio. No momento não se sabe que rumos dar à escola.

A escola (*real*) não estaria dando um retorno para a família, nem assumindo o seu verdadeiro papel; estaria funcionando como um depósito em que se toma conta de crianças e jovens, um lugar onde eles ficam protegidos das drogas e em atividade; estaria perdendo o seu valor diante da família, que não a veria mais como um patamar para a melhoria de vida dos filhos. Assim sendo, o aluno abandona a escola, pois ela não tem desempenhado o seu papel.

Morgana contra-argumentou conosco a respeito do motivo da falta de acompanhamento dos filhos, em casa, pelos pais, dizendo que, se a escola cumprisse o seu papel, o aluno não precisaria de ajuda em casa. Escola e família trabalhariam juntas, mas uma não substituiria a outra, e o mau desempenho de uma não determinaria, necessariamente, o mau desempenho da outra. Morgana afirmou que os pais, do ponto de vista *ideal*, têm o dever de participar da escolarização de seus filhos. Poderiam não ter condições, de fato, de dar um acompanhamento técnico, mas seriam eles os responsáveis pela freqüência do filho à escola, pelo seu desempenho em forma de cobrança por resultados da escola, de retorno do filho, de sua permanência na escola. Idealmente, no caso de famílias de baixo poder aquisitivo, o Estado teria de priorizar a educação e dar as condições necessárias a esses alunos para que freqüentassem a escola. Nossa autora considerou que as mudanças dependeriam da iniciativa e da vontade de cada um e ocorreriam, primeiro, nos indivíduos e, depois, na sociedade.

Do relato de Morgana, destacamos dois aspectos interessantes: o primeiro é que, de todos os entrevistados, ela foi a que mais se referiu a outros agentes, afora professor e aluno. Com exceção de Helga, os outros entrevistados permaneceram referindo-se somente às ações do professor e do aluno, individual ou conjuntamente. Ainda que Hagar tenha feito referências a dois outros agentes, elas foram menos numerosas em comparação às de Helga e, principalmente, às de Morgana.

Cabe salientar que Helga e Morgana tinham algo em comum: ambas estavam fora da sala de aula. Ainda que Morgana já tivesse uma vasta experiência em ensino e Helga nenhuma, verificamos algumas semelhanças que relacionamos àquele fato. Por exemplo, tanto Helga quanto Morgana fizeram mais referências ao professor *ideal* que ao *real*. Parece que, pela falta de acesso à situação concreta de ensino, talvez seja mais fácil ou apenas possível, para elas, fazer projeções acerca da ação do professor. Suas referências a ações reais estariam sendo feitas, provavelmente, com base em relatos ou na observação das ações de outros (os seus próprios professores, no caso de Helga, e os colegas, no de Morgana). Importa salientar, entretanto, que, no caso de Morgana, ela se referia ao seu passado.

Em suma, o que queremos acentuar é justamente a questão do papel que o estar engajado no ensino tem sobre as concepções dos entrevistados, o quanto as condições concretas do processo ensino–aprendizagem modulam a maneira de os participantes conceberem-no. Mais adiante, faremos uma comparação entre Hagar e Raquel a esse respeito.

O segundo aspecto que destacamos no relato de Morgana – e que, do nosso ponto de vista, liga-se muito ao primeiro – é que ela se refere, com muita freqüência, à sua experiência passada em escolas particulares e, em muitas ocasiões, à experiência com seus filhos.

A experiência docente anterior parece ligar-se fortemente à maior quantidade de referências ao professor *ideal*; ela o veria como um agente, baseando-se em suas próprias ações no passado e em outra realidade de ensino, a da escola particular. Na instituição em que trabalhou, pelo que percebemos no seu relato, não havia a mesma estrutura hierarquizada e burocrática da escola pública. Ela relata fatos que dão a entender que havia mais liberdade às iniciativas do professor, talvez porque o que mais importava para a escola eram os bons resultados, uma vez que precisava da confiança da família para manter seus alunos. Já na escola pública seria diferente. A família precisa da escola porque não tem como sustentar o filho em instituição particular. Assim sendo, fica estabelecida uma relação de dependência em que a escola faz aos pais o favor de cuidar dos seus filhos, mantendo-os ocupados e longe das drogas, nas palavras da própria Morgana.

Quanto à experiência com seus filhos, executava com eles o mesmo tipo de atividade que realizava com seus alunos, no sentido de tornar o estudo uma atividade agradável. Segundo seu relato, ela chegava a fazer com seus filhos o mesmo que fazia com seus alunos e vice-versa. Esse seria um outro fator constitutivo das concepções idealizadas de Morgana que, talvez, estivesse subjacente às referências a outros agentes na situação pedagógica, como a família e os pais, e, também, à idéia de que o professor conjuga os papéis de pai, professor e cidadão.

Da mesma maneira que encontramos entre Morgana e Helga pontos comuns, encontramo-los entre Hagar e Raquel. Ambos estão em sala de aula e nos seus relatos predominaram as referências a ações do professor *real*, havendo pouca ou nenhuma referência a outros agentes do processo ensino–aprendizagem que não o professor e o aluno. Uma peculiaridade dos relatos de ambos faz-nos discutir acerca das suas concepções ideais: para Hagar, algumas ações do professor *ideal* são possíveis, visto que, como já destacamos anteriormente, ele se encontra em uma interface de papéis de professor e de aluno. Assim, questionar suas ações e ouvir os alunos, por exemplo, para ele, são atos bem mais fáceis de realizar.

O mesmo ponto podemos destacar do relato de Raquel. As ações do professor *ideal* são possíveis, visto que muitas delas estão baseadas em suas aulas de laboratório: o trabalho lado a lado, a maior proximidade com os alunos, a ligação entre teoria e prática, a atuação do aluno, todas se ancoram na sua experiência de aulas de laboratório.

Os ideais de Morgana e Helga seriam, digamos, mais distantes, ou por se reportarem a uma experiência obtida em uma realidade diferente da de escola pública, ou por tratarem de projeções sobre um futuro. Os ideais de Hagar e Raquel seriam, digamos, mais factíveis, pela possibilidade de sua própria situação ou pelas condições em que cada qual se encontra.

O que vimos, assim, foi o quanto as condições concretas participam das concepções dos entrevistados, atingindo, até mesmo, a sua idealização, no sentido de ser esta delimitada por aquelas e incluída dentro do que é possível e não totalmente descolada da realidade.

O quadro 2 mostra, de forma sintética, alguns tópicos comuns entre os entrevistados, para uma melhor visualização do que verificamos na nossa análise.

QUADRO 2
Semelhanças e diferenças nas concepções dos entrevistados, conforme a articulação entre professor, aluno e conhecimento

Tópicos	HELGA	HAGAR	RAQUEL	MORGANA
Professor aproxima aluno do conhecimento formal	X	X		X
Professor escuta aluno	X	X		
União dos três componentes	X	X		X
Ensino como transmissão de conhecimento	X	X	X	
Relação professor – aluno necessária ao processo ensino – aprendizagem	X	X		
Despertar o interesse do aluno	X	X	X	X
Conscientizar o aluno	X	X	X	X
O professor ensina, o aluno aprende	X	X	X	X
Instituição determina funções				X
Professor agente, aluno paciente				X
Professor sobrecarregado	X		X	X
Desarticulação entre interesse do aluno, objetivos de ensino (R)			X	
Interesse do aluno como base para a elaboração dos objetivos de ensino (I)	X	X	X	X

Tópicos	HELGA	HAGAR	RAQUEL	MORGANA
Professor tem posição diferente perante o conhecimento			X	
Mais referências à ação do professor do que à do aluno	X	X	X	X
Mais referências à ação do professor real			X	
Mais referências à ação do professor ideal	X			X
Afastamento da sala de aula	X			X
Referências a outros agentes do processo	X			X
Ações idealizadas com base no real		X	X	

Capítulo 5

Concepções sobre o processo ensino—aprendizagem: a atribuição de papéis sociais

Panorama geral

Ao analisarmos os dados, buscando identificar a atribuição de papéis sociais ao professor e ao aluno, verificamos que, de forma geral, os entrevistados apontaram mais ações referentes ao professor; as do professor *ideal* em maior número que as do professor *real*. *Grosso modo,* foram 144 e 103 ações, respectivamente, em um total de 247 ações do professor; enquanto 138 foram as ações referentes ao aluno e apenas 27 a outros agentes.

As ações do professor *real* ligavam-se, na sua maioria, às formas como tratar o conhecimento; referiam-se às atitudes dele em relação ao próprio conhecimento e ao do aluno; ao que faz em relação ao conhecimento e às maneiras como este é tratado em relação ao aluno ou à atividade de ensino. As ações do professor *real*, orientadas para si mesmo, estavam relacionadas às suas condições de trabalho ("sobrecarregar-se de trabalho", "seguir o programa", "trabalhar sozinho"). As orientadas para o aluno, conforme dissemos, concentravam-se em dirigi-lo ou de operar algo nele, de fazer prevalecer a sua vontade ou os seus objetivos, de relacionar-se com o aluno em busca do seu interesse ou para comunicar-se, mas tendo sempre o conhecimento como finalidade. Outras ações do professor *real* referiram-se a características pessoais como "ter dom", liderar, representar ou "ter medo de errar", sendo, algumas vezes, mais próximas de descrições do que de ações propriamente ditas. Outras ações mais específicas diziam respeito às condições de trabalho do professor como: "dar aula para seiscentos alunos em várias turmas diferentes", "dar dezesseis aulas por turno", "dividir atenção entre muitos alunos". Quatro ações do professor *real* diziam respeito aos limites ou dimensões do papel do professor: "não poder desempenhar papel de pai", "jogar para a escola a responsabilidade de educar seu filho", "misturar papéis de cidadão, professor e pai" e "participar como cidadão".

As ações do professor *ideal* dirigiam-se ao interesse do aluno ou às condições para que aprenda, examinando e levando em conta as características deste; ao envolvimento do mesmo na situação de ensino; à relação que havia entre ambos; à formação, no aluno, de atitudes em relação ao objeto de conhecimento e aos objetivos e resultados do ensino. A maioria delas, portanto, estava ligada ao aluno. Houve também referências a ações do professor *ideal* orientadas para si mesmo, predominantemente ligadas aos seus conhecimentos. Tais ações representavam o aprendizado de técnicas, a atualização, a auto-avaliação e a autocrítica, a reflexão sobre a própria atividade ou sobre a atividade de ensino e seus resultados. É interessante notar que, enquanto as ações do professor *real*, relacionadas com o conhecimento, envolviam o aluno, as do professor *ideal* referiam-se a si próprio. Outras ações do professor *ideal* estavam ligadas ao planejamento de atividades de ensino. Cabe salientar que, nas falas relativas ao professor *ideal*, nada havia relacionado às condições de ensino, fato esse que pode associar-se à virtualidade do mesmo. Também não encontramos falas referentes ao professor *ideal* quanto ao seu papel social mais amplo, talvez por já estar atuando em uma escola renovada.

As falas referentes ao aluno, *ideal* ou *real*, tiveram o mesmo número de citações (69), cuja soma corresponde a pouco mais que a metade do total de falas relativas a ações do professor. As menções a ações do aluno foram agrupadas em três classes gerais: aquelas que diziam respeito ao relacionamento do aluno com o conhecimento, em termos de aquisição, desenvolvimento, interesse, questionamento, operação; as que se referiam ao relacionamento do aluno com o professor, como trocas, diálogo, questionamentos, finalidades da relação, reconhecimento de papéis, influência; e aquelas referentes às atitudes do aluno, ativas ou passivas, dirigidas a um objetivo, ligadas ao conhecimento do professor ou à situação de ensino como um todo.

De forma genérica, o aluno *real* foi visto como estabelecendo uma relação com o conhecimento tal que seu interesse estaria mais nas formas de acessá-lo fora da escola e menos nas da situação de ensino. Nesse sentido, o aluno foi considerado detentor de um conhecimento anterior à escola, externo a ela e, do seu ponto de vista, dela dissociado. O aluno *real* receberia e codificaria o conhecimento, relacionando o que sabe com o que é ensinado na escola, apesar de seu conhecimento ser visto como diferente daquele ali veiculado. A relação do aluno *real* com o professor seria calcada no conhecimento. Ele veria no professor um veículo para a aquisição de conhecimentos, ligando-se a ele com esse objetivo e tendo-o como um referencial de saber, tanto que dele não duvidaria, reconhecendo sua autoridade e dando importância à questão relacional.

Constatamos diferenças entre os papéis de aluno e os de professor, e uma separação entre os dois. No que tange às atitudes, o aluno *real* assumiria uma atitude mais passiva em relação à situação de sala de aula e em relação aos conteúdos e ao professor. Ainda que parecendo ativo, sua ação atenderia a objetivos estabelecidos pelo professor ou estaria de acordo com as condições de ensino; a sua única finalidade seria formar-se.

O aluno *ideal*, por outro lado, teria uma atitude muito mais ativa em relação ao conhecimento, ao professor e às condições de ensino. Perguntaria, questionaria, relacionaria o que visse na escola com o que visse fora dela, duvidaria do professor, trabalharia lado a lado com ele, prestaria atenção à aula e criaria referências por meio da ação do professor. O aluno *ideal* teria outros objetivos, além de formar-se, tais como: escolher uma profissão, profissionalizar-se e aprender. O conhecimento para o aluno *real* seria relativo às condições de ensino em si mesmas, ao conteúdo e ao reconhecimento dos papéis de professor e de aluno e dos objetivos de ensino. No entanto, houve poucas referências à relação do aluno *ideal* com o conhecimento, a não ser em forma de atitude em relação ao mesmo, no sentido de buscá-lo, trabalhar com ele e operar modificações nos seus conhecimentos anteriores. É interessante notar a diferença em relação ao aluno *real*: não houve citações explícitas ao conhecimento anterior do aluno *ideal*, mas as atitudes deste foram vistas como estando fortemente ligadas a esse conhecimento. Ou seja, parece que o aluno *ideal* já estaria anteriormente motivado para lidar com o conhecimento. A relação do aluno *ideal* com o professor seria bem próxima. Eles modificariam um ao outro, discutiriam e se questionariam com liberdade; o diálogo e a simpatia seriam a tônica da relação entre ambos, e esta não se restringiria à situação de ensino.

Os participantes desta pesquisa fizeram referência, ainda que pouca, a ações de outros agentes, como a escola, o Estado, os pais e a família, a sociedade e outros não especificados, que somaram um total de 27 ações, das quais nove relativas aos pais, que, juntamente com escola e Estado, somaram a maioria das ações (18 ações). Esses agentes também foram mencionados como *reais* ou *ideais*.

Os agentes *reais* foram menos numerosos: pais, família, escola, as pessoas em geral e as pessoas da área de educação. As ações dos pais e da família *reais* caracterizavam-se por servirem como complemento às atividades da escola, no sentido de cobrança junto aos filhos, ajuda e participação, dentro de suas possibilidades. Outras ações dos pais e da família estavam relacionadas aos papéis sociais e às expectativas sobre os objetivos da escolarização dos filhos. As ações da escola *real* eram duas: uma relativa às expectativas da sociedade, no sentido de cumprir o que esta esperaria, e outra referente à deturpação da sua função: local onde se pode deixar os filhos longe das ruas e das drogas. Outros dois agentes *reais* mencionados foram: as pessoas em geral, cuja ação estaria ligada à difusão de informações para o aluno, e as pessoas da área de educação, cuja ação foi tida como de idealização do professor.

Os agentes referidos como *ideais* foram a sociedade, as pessoas, a família, os pais, a escola e o Estado, juntamente com outros três não especificados. As ações dos agentes não especificados estavam ligadas a mudanças no professor, especificamente, e a modificações e união dos três componentes da situação pedagógica como um todo. A sociedade agiria no sentido de melhorar e orientar os professores e de repensar valores. As pessoas teriam suas ações voltadas para o desenvolvimento do conhecimento. A família e os pais dirigiriam suas ações no sentido de mostrar a importância da escola, trabalhando com ela de forma conjunta, de esperar resultados da escolarização dos filhos e de incentivá-los a estudar. As ações da escola estariam ligadas à formação do aluno como agente de transformação da sociedade, ao atendimento das expectativas da família e ao desempenho exclusivo do papel que lhe cabe: atender ao que dela se espera, executando seus objetivos. O Estado agiria no sentido de priorizar a educação, detectando seus pontos críticos e oferecendo condições aos alunos para freqüentarem a escola.

As ações do professor e do aluno, segundo cada participante

A seguir, apresentaremos os resultados relativos a cada participante, procurando enfocar as diferenças entre as ações *reais* e *ideais* extraídas de seus relatos no que se refere tanto ao professor quanto ao aluno. Optamos por não o fazer com as ações de outros agentes, visto que estes tiveram um número bastante reduzido de referências e sua descrição já foi feita de forma panorâmica.

As ações do professor e do aluno, segundo Helga

Dentre os participantes, Helga foi quem fez mais referências a ações *ideais* do que a *reais*, tanto do professor quanto do aluno, e, de modo geral, falou mais do primeiro que do segundo. As ações do professor *real* somaram 12; do aluno *real*, 14; do professor *ideal*, 41 e do aluno *ideal*, 19. O número de referências às ações do aluno *real* foi quase igual ao do professor *real* e, do nosso ponto de vista, reflete a situação de Helga. Sendo uma aluna do curso de licenciatura, tinha, também, muito a falar sobre o aluno. É interessante notar a quantidade superior de ações do professor *ideal*, em comparação com o *real*, o que parece refletir a mesma situação.

Do ponto de vista de Helga, o professor *real* teria suas *ações orientadas para o aluno,* no sentido de:

1) fazer juízo de valor de suas ações. Haveria uma valorização maior dos alunos que participam da aula e um desconhecimento ou desprezo aos que não agem assim:

> ...geralmente, numa sala de aula... não sei se você já observou isso, quando a gente tá num grupo sempre se sobressai um, né, então é o inteligente da turma, né, é o que tira nota 10, que pergunta mais, então acho que é devido a isso. Porque os outros também nunca, tem sempre um que é mais tímido e outro fala pouco porque muitas vezes o professor não dá oportunidade para eles falarem.

2) dirigir as ações dos alunos, dizendo o que eles devem fazer: copiar ou prestar atenção. Helga avaliou

que os alunos consideram isso monótono; logo, para ela, o professor que age assim é desestimulante:

> ...ele copia, copia, copia um monte de reações orgânicas, no final a gente não entende nada, a gente tem que prestar atenção, ele diz pra gente que é pra gente copiar, quando a gente tá copiando, eu mesma não consigo ficar copiando e prestando atenção ao mesmo tempo, então ou você faz uma coisa ou outra, então eu acharia que os alunos que tivessem uma aula dessas iam achar supermonótono.

3) traduzir o conhecimento para o vocabulário dos alunos, passá-lo, tirar dúvidas. Esta ação permitiria o entendimento por parte do aluno e, segundo a avaliação de Helga, seria um bom ensino. Com base nisso, inferimos que o professor, para ela, é um intermediário do conhecimento da química para os alunos; que o acesso ao conhecimento requer intermediação e que esta se caracterizaria como uma tradução de linguagem. Haveria, também, uma dissociação entre o conhecimento científico e o cotidiano. Passar conteúdos foi avaliado como já ultrapassado. Ou seja, para Helga, a relação de ensino sofre transformações. Tirar dúvidas do aluno resultaria na resolução do seu problema, do que deduzimos que, para a entrevistada, seria tarefa do professor esclarecer dúvidas – que, para o aluno, seria um problema e cujo esclarecimento leva à resolução do mesmo:

O papel do professor não é só ensinar, não é só tá ali, eu vou passar os conteúdos pro aluno, o aluno vai ter que compreender aqui porque eu que tô certo, né, sem dar oportunidade dele, dele criticar o professor ou duvidar do que ele tá dizendo. O professor tá ali também pra aprender com os alunos. Então é uma coisa assim, hoje em dia é meio difícil, né, cê ver aquele professor que tá ali sempre impondo aos alunos que, heee, que se for dar uma teoria eles não vão, ninguém vai contra ele aquela coisa num pedestal, não, eu acho que, não sei, mas acho que isso não existe mais não, isso é uma coisa mais mudada.

4) relacionar-se com ele como condição necessária para a efetivação do processo de ensino:

Eu acho que quando tá, por exemplo, professor– aluno pensando junto num tipo de problema dentro daquele assunto, né, eu acho que, que tem mais condição de ter um melhor desenvolvimento, né, o professor não vai dar pro aluno já prontinho ali pra ele, né, como que se resolve aquele exercício, né, aquele problema, né, e ele vai dar, assim, condições pra que aquele aluno resolva, né, e o aluno também, como ele já teve aquelas condições ele tenta fazer a [...] com o professor e tenta obter mais conhecimento e daí ele pode chegar ao final do, tipo assim, os três juntos podem chegar ao objetivo final que é o aluno aprender, o professor também tá satisfeito com o retorno que ele teve e o conhecimento vai se expandindo, acho que da forma certa.

Quando *orientadas para o conhecimento*, as ações do professor *real* são maneiras de tratar o conhecimento em relação ao aluno ou à atividade de ensino. Foram elas: dar aula, que seria o papel específico do professor; tentar "passar" o que sabe (o professor foi visto como transmissor de conhecimento); seguir padrões de livros ou a mesma seqüência de ensino, citadas como ações específicas dos professores de química e avaliadas por Helga como manifestação de um ensino tradicionalista. Concluímos, com isso, que, para ela, há uma tradição, no ensino de química, de seguir-se sempre a mesma seqüência, ditada pelo livro-texto. Escrever no quadro é uma ação que os alunos considerariam monótona, avaliou a entrevistada – do que deduzimos que o professor desestimulante agiria assim.

As ações do professor *real, orientadas para si* mesmo, referiram-se:

1) aos limites e às dimensões do seu papel, na medida em que não desempenharia o papel de pai. Ou seja, para ela, o professor não poderia ter vários papéis ao mesmo tempo ("Não que os professores tenham obrigação, muito menos ter obrigação de pai na sala de aula");

2) às suas condições de trabalho, como acomodar-se diante do mau resultado devido à quantidade de trabalho e ao baixo salário:

> ...professor pára pra refletir o quê que tá acontecendo com os alunos, com a turma dele, ele já

está se modificando, porque, por exemplo, se a turma está indo mal, tem gente que diz: "Azar, não estou nem aí, eu vou dar minhas provas, tem um monte de coisas pra fazer, então eu não vou me preocupar muito com isso, não vou ter trabalho pra isso", outras dizem: "Ah, eu ganho pouco, pra que eu vou ter trabalho pra isso?" Mas existe outro professor que vai tentar se modificar, mas aí que tá, a minha dúvida é com relação a isso, ele vai se modificar pelo que o aluno tá apresentando, não é?...

3) a características pessoais, no sentido de considerar sempre certo impor aos alunos o seu conhecimento. Helga, no entanto, mostrou acreditar que isso teria mudado. Portanto, a relação de ensino sofre transformações.

As *ações do professor ideal orientadas para o aluno* referiram-se:

1) às condições para o aluno aprender, examinando e levando em conta suas características. Adequar métodos de ensino, proporcionar condições para a atuação do aluno, mediar discussões entre alunos são exemplos dessas ações. Para Helga, o resultado seria a aprendizagem dos alunos; daí, a grande importância dessas ações. Assim, o aprendizado do aluno seria ativo, sendo o professor um mediador. Uma forma de fazer o aluno trazer à tona suas concepções poderia ser a discussão entre iguais. Supomos que, para Helga, um determinado conhecimento ou assunto admitiria várias formas de ensino; o professor seria o

responsável por fazer as adequações, e, por essa razão, a educação evolui. O professor, então, deveria conhecer as maneiras de pôr isso em prática. Orientar o ensino, tendo em vista a individualidade do aluno, resultaria em uma educação de boa qualidade, uma boa educação. O que parece estar subjacente a isso é a idéia de que a relação de ensino somente pode ser entre dois, ou seja, o ensino pode dar-se em um espaço coletivo, mas a relação de ensino apenas entre o par professor–aluno:

> Então, se a turma tá mal ele vai melhorar no seu conhecimento, como que ele vai expor o conhecimento, como que ele vai passar para os alunos e dar as atividades, as coisas pra eles.

A ação de caracterizar como é o conhecimento prévio do aluno estaria baseada, segundo Helga, na idéia de que o aluno tem pouco conhecimento antes do ensino. Ela avaliou-a como sendo mal feita, já que o professor, apesar de ter consciência de que o aluno chega à escola com algum conhecimento, não leva isso em conta ao planejar e conduzir o ensino. Isto seria traduzido, portanto, em uma dissociação teoria e prática por parte do professor. Outra ação do professor mencionada por Helga foi administrar, dosar o conhecimento, tendo em vista o tipo de aluno. Então, o que estabeleceria a singularidade do aluno seria a quantidade de informação que pode receber; a adequação do conteúdo seria uma questão de quantificação. Finalmente, Helga mencionou que procurar saber dados sobre o entendimento do aluno e seus interesses, por meio de perguntas a ele dirigidas, traria ao professor o esclarecimento a respeito dos resultados do processo de ensino–aprendizagem e a obtenção de dados orientadores:

> Às vezes ele vai tirar uma dúvida de algum problema, aí te pergunta: "Cê tá entendendo?" Cê não entende os passos do problema que cê tá resolvendo: "Que que cê tá querendo saber?" O professor orienta o aluno para chegar ao final do problema.

2) à relação com o aluno e aos objetivos e resultados do ensino. Na sua relação, o professor ensinaria e aprenderia com os alunos, permitindo ser interrogado por eles, desenvolvendo neles uma atitude crítica e levando em conta aspectos relativos a eles para elaborar o seu procedimento de ensino. Assim, entendemos que, para esta participante, não seria possível dominar todo o conhecimento; que a capacidade crítica do aluno dependeria da ação do professor, desde que este permitisse ser interrogado ou que dele se duvidasse, o que nos leva a deduzir que o professor, segundo Helga, não saberia tudo. Entretanto, o professor teria de ter conhecimento da matéria, conhecimento sobre o aluno e sobre modos e estratégias de mediação do conhecimento. Outras ações mencionadas por Helga foram: saber o interesse de cada aluno, modificar a

forma de expor conteúdos de acordo com a reação deste e despertar o seu interesse. Nessas afirmações, pareceu-nos haver a idéia de que toda mudança no comportamento do professor teria como objetivo mudanças no comportamento do aluno, de que seria possível promovê-las e, estando o professor atento às reações do aluno, poderia adotar estratégias para realizá-las:

> Eu acho que o bom professor é aquele que se deixa ser interrogado, que as pessoas duvidem até do que ele diga, porque acho que ele desenvolve o aspecto crítico do aluno, acredito. Então ele não está ali [exclusivamente] para ensinar, ele aprende também.

3) à formação, no aluno, de atitudes em relação ao objeto de conhecimento. Aqui, estariam incluídas as ações de conscientizar o aluno a respeito da importância de seu conhecimento cotidiano e sobre os estudos, de aproximar dele a química do cotidiano, de fazê-lo mudar sua visão sobre a química, de tentar mostrar-lhe que o seu saber é importante também. Despertar o interesse do aluno viria como resultado, o que já é também uma ação voltada à formação, no aluno, de atitudes em relação ao objeto de conhecimento. O professor seria, portanto, um formador de atitudes no aluno em relação ao conhecimento e agiria nesse sentido; seria sua função formar no aluno a consciência acerca dos estudos e a de que a química não é algo só para laboratório.

As ações do professor *ideal orientadas para si mesmo* relacionaram-se:

1) a seus conhecimentos. O professor deveria dominar o conhecimento psicológico, além daquele a ser ensinado, ensinar e aprender com os alunos e enriquecer ou melhorar os seus próprios conhecimentos. O que a entrevistada nos pareceu dizer com isso foi que o professor também estaria em formação no processo de ensino–aprendizagem e sujeito a aprender na relação;

2) à atividade de ensino e seu planejamento. São exemplos: dar aula voltada para a parte experimental, procurar meios para esse fim e elaborar material alternativo, ir ao laboratório, usar outros recursos, como a observação da natureza, chamar a atenção dos alunos para o que deve ser observado, explicar o que está ocorrendo no objeto da observação. Os resultados dessas ações seriam: o aluno veria o conhecimento funcionando na prática e faria experiências na sala de aula; o professor poderia demonstrar a reação e ter a sala de aula como um laboratório, e os alunos teriam uma nova visão sobre a natureza, aperfeiçoando conceitos e adquirindo outros. Helga acredita que os alunos iriam gostar. Vimos, assim, que, para ela, a química é uma ciência experimental, os alunos gostam de novidade, e aulas no quadro-negro não são motivadoras. Parece querer dizer também que o professor estimulante agiria desse modo e que uma aula prática requer o direcionamento do professor para o que deve

ser observado e para o que está acontecendo no tema da observação:

> Pode fazer uma [...] de destilação usando aquelas garrafas de coca-cola descartáveis. Então você bola, você tem todo o material, então tudo isso você tem capacidade para mostrar que não é só um laboratório sofisticado, você vai ter condições de saber na prática o quanto funciona aquilo... A própria natureza mesmo, você pode observar que tem várias reações. A minha aula não seria só numa sala de aula. A gente poderia, se não tivesse laboratório, trazer alguma coisa que pudesse ser trazida para a sala de aula, a gente traria para ver a aula experimental.

As ações de preparar aula prática e experimentar previamente são trabalhosas, mas gratificantes, por resultarem na aprendizagem dos alunos. Enfatizar a relação dos três componentes da situação de ensino e oportunizar a discussão com os alunos seriam ações do professor *ideal* relativas à atividade de ensino. Para Helga, parece que os participantes da situação pedagógica se encontram no mesmo nível de importância, mesmo que cabendo ao professor a função de criar o espaço para a discussão;

3) à sua própria atividade: refletir diante de um resultado negativo, mudar de estratégia, melhorando a forma de expor o conteúdo ou explicando algo de várias formas, ser didático ou ter uma boa didática para

ensinar são exemplos de ações desse tipo, cujos resultados seriam a mudança de estratégia, a obtenção de melhores resultados e o entendimento por parte do aluno. A avaliação feita por Helga referia-se à didática: não adianta saber a matéria se não se souber transmiti-la. Então, o bom professor planeja e reelabora estratégias diante do fracasso. Haveria, portanto, dois tipos de professor, um que se acomoda e outro que procura mudar. O professor teria a função de buscar novos conhecimentos e modificar sua forma de ensinar, esperando-se dele adaptações em sua maneira de explicar, de forma que o aluno consiga entender. A maneira de ensinar do professor, portanto, facilita ou dificulta o bom andamento do ensino:

> ...vamos supor se a gente, o professor vai mudar, tem professor, aluno [e] conhecimento, aí o professor, vamos supor, aplica uma prova na turma e os alunos foram mal, aí ele vai pensar, vai refletir, o bom professor faz isso, vai refletir: "Se eu sou mau professor, que que tá faltando, acho que eu vou me esforçar mais e vou modif..., eu vou mudar algumas atividades para tentar ver qual o problema dos alunos". Aí, vamos supor, se tem muita aula expositiva, dá mais aula prática, leva os alunos pra outros lugares assim, pra eles verem mais as coisas...

É interessante notar que vários tópicos relativos às ações do professor *ideal*, no relato de Helga, estavam ligados a mudanças. Isso é coerente com a noção que apresentou a respeito da acomodação do professor *real* às condições a que estaria sujeito, apesar de ter admitido que tenham ocorrido mudanças na relação, especialmente no que tange à função de passar conteúdos ou impor conhecimento. Houve coerência também quando fez referência ao que seria o professor desestimulante e o estimulante. Um outro ponto interessante é que ela configurou a situação de ensino como um espaço para a aprendizagem do professor, o aprimoramento de seus conhecimentos e um laboratório em que se pesquisariam formas de se conseguir o interesse do aluno, inclusive com a sua participação, e em que se desenvolveria o conhecimento.

Da mesma maneira que o professor, no discurso de Helga, o aluno apresentou-se como *real* e *ideal*. As ações do aluno *real* ligaram-se à sua relação com o conhecimento, às suas atitudes e à sua relação com o professor.

As *ações do aluno relativas ao conhecimento* foram as mais citadas. Diziam respeito a maneiras como o aluno vê o conhecimento e relaciona-se com ele. Valorizar somente o conhecimento escolar e desvalorizar o cotidiano denotam a noção de que o aluno está moldado para uma aprendizagem livresca, fragmentadora do conhecimento. Ter uma relação empírica ou lógica com o conhecimento, dependendo de sua idade, foram ações citadas por Helga, a partir das quais estabeleceu uma relação qualitativa entre o interesse do aluno e a faixa etária. Para ela, esse é um fato que o professor deveria levar em conta no seu planejamento.

Portanto, para ela, seria possível haver uma adequação do conhecimento ao interesse do aluno com vistas, inclusive, a modificá-lo.

> ...uma vez ele perguntou numa sala de aula, pediu aos alunos [que dessem] exemplos de metais, então ele estava esperando que os alunos dissessem alguma coisa do cotidiano deles, tipo assim, ferro, alumínio, essas coisas. Eles disseram sódio, potássio, coisas assim bem, bem didáticas, umas coisas que eles já aprenderam em algum livro didático e foram só moldados pra dizer que os elementos, que metal realmente é isso. Então, não seria uma coisa assim do cotidiano, eles diriam logo ferro, mas por que que não disse, disse sódio... Então muitas vezes o aluno está condicionado a achar que o certo mesmo é aquilo que ele só aprende na escola, e o que eles sabem na vida diária deles, não é importante...

A apreensão do conhecimento resultaria em aprendizado, desenvolvimento do aluno, satisfação do professor e expansão do conhecimento. Assim, haveria outras conseqüências para o processo de ensino, além da aprendizagem do aluno. Ir diretamente ao professor e perguntar-lhe, em vez de ir aos livros pesquisar, seriam ações consideradas mais simples ou fáceis para o professor e, para o aluno, mais cômodo e agradável. Como resultado, o professor notaria as dificuldades do aluno. Por conseguinte, o professor estaria acessível aos alunos e poderia perceber mais facilmente o processo de ensino–aprendizagem, quando o aluno o procura para tirar dúvidas. O aluno, por sua vez, necessitaria de orientação do professor para saber o que e onde estudar.

As ações ligadas ao *relacionamento do aluno com o professor* referiram-se à valorização que o aluno confere à atuação do professor. Não duvidar e concordar sempre com ele seriam exemplos que, na avaliação da entrevistada, já não existiriam mais:

> Eu acho que [...] a gente chegava na turma tinha o professor, assim, como o cara que sabia tudo, que você não podia duvidar daquilo que o professor tinha pra dizer [...] eu acredito que hoje a educação não tá mais assim não.

Outras ações descreviam a natureza do vínculo existente entre os agentes. Por exemplo, ligar-se ao professor com a intenção de obter conhecimento, procurá-lo com esse fim, pensando que ele saberia tudo ou, ainda, conhecer o professor por intermédio da aula:

> É como se fosse é, o motivo da ligação seria o conhecimento, porque eu jamais iria conhecer um determinado professor se eu não fosse assistir à aula dele, não fosse assim o *professor*, eu poderia conhecê-lo como amigo, colega...

O estabelecimento de vínculo e de papéis viria como conseqüência. A menção a essas ações permitiu-nos apreender vários sentidos. Talvez, para Helga, o papel do professor defina-se pela ação de ministrar aulas ou pela detenção do conhecimento; a relação professor–aluno é singular, pelo fato de se dar por meio do conhecimento. O aluno, por sua vez, já teria um interesse pelo conhecimento e iria em busca do professor para obtê-lo: "...eu tô ali porque eu quero obter aquele conhecimento...".

Ao mesmo tempo, todavia, a idéia de que o professor sabe tudo prejudicaria o relacionamento entre ambos: "Então, aí reforça aquele negócio que atrapalha muito de achar que o professor sabe tudo...". A noção de que existiria, anteriormente, um interesse do aluno pelo conhecimento parece-nos problemática, visto que pode gerar atitudes negligentes em relação a alunos que não manifestem esse interesse, como a própria Helga mencionara ao falar do professor *real*.

Algumas ações do aluno *real* relacionavam-se às suas *atitudes* na sala de aula: não questionar, não cumprir com suas responsabilidades, copiar e prestar atenção ao mesmo tempo (considerada impossível e resultando em não-fixação), assistir à aula e relacionar-se com os colegas. De acordo com nossas inferências, as ações não cumpridas pelo aluno estariam ligadas ao fato de não estar preparado para exercê-las; o aluno *real* seria passivo em relação ao professor ou ao ensino – ele assiste à aula – e ativo em relação aos seus pares.

As ações de professor e aluno nas concepções de Helga reportam-nos a algumas discussões que encontramos na literatura sobre os papéis sociais, pois elas conformam-se ao que alguns autores descrevem a respeito desses atores (Maisonneuve, 1977). As afirmações de que o papel do professor seria o de direcionar as ações do aluno e o que é descrito sobre as atitudes deste último em relação a isso; a valorização que o professor confere às atitudes do aluno; a idéia de que o professor teria o papel de transmitir, traduzir conhecimento ou passar conteúdos e de que a situação pedagógica requer uma relação entre, pelo menos, duas pessoas também vão ao encontro dos dados da literatura a respeito da relação de liderança que se estabelece segundo as posições que cada um assume (Bohoslavsky, 1993; Leite, 1993; Elbers, 1992; Carvalho, 1987).

A noção de limites do papel do professor, a sua acomodação às condições de trabalho e a imposição que faz dos seus conhecimentos ao aluno são condizentes com dados da literatura, na medida em que papéis representam aceitação de regras e costumes prescritos em relação a um sistema e que o professor assume posição de liderança na situação de ensino. Entretanto, é contrária à noção de plasticidade do papel e à existência de zonas de indefinição por não admitir que, por exemplo, o aluno assuma liderança na situação. É interessante notar, no entanto, que, quando se refere ao professor *ideal*, a plasticidade está presente, pois ele aprenderia com o aluno, e essa seria uma ação mais ligada ao papel de aluno, conforme o desdobramento que fizemos com base nas idéias de Patto (1987).

As ações do professor ideal orientadas para o aluno e referentes às condições para a sua aprendizagem ligam-se às afirmações de Goes (1993) sobre a reciprocidade das ações dos envolvidos na situação pedagógica. São descrições de ações que envolvem todos os seus componentes, demonstram o envolvimento ativo de cada participante, assim como o conhecimento que formulam: tanto do professor em relação ao aluno como deste em relação ao seu papel e ao objeto de conhecimento.

As ações do professor orientadas para o aluno (referentes ao seu convívio com ele, aos objetivos e resultados do ensino e à formação, no aluno, de atitudes em relação ao objeto de conhecimento) subentendem a visão da importância do vínculo na constituição dos seus papéis sociais aliada ao objeto de conhecimento (Leite, 1993), demonstrando uma preocupação de Helga com esse vínculo. O mesmo podemos dizer sobre suas citações referentes a mudanças na ação do professor em busca de resultados: são uma forma de demonstrar uma dinâmica do processo ensino–aprendizagem e a possibilidade de evolução, tanto dos envolvidos em relação aos seus papéis sociais, como em relação ao próprio conhecimento. Subjacente às concepções de professor ideal elaboradas por Helga, está, também, a noção de expectativa de papel (Maisonneuve, 1977), já que ela teria uma expectativa sobre seu papel como professora.

A visão de que o professor assume posição de liderança na situação pedagógica e que se apresenta como um transmissor de conhecimentos são pontos comuns às concepções de todos os entrevistados no que se refere ao professor real, como veremos.

Como agem professor e aluno do ponto de vista de Hagar

Diferentemente de Helga, Hagar fez mais referências ao professor *real* que ao *ideal*, mas, no caso dos alunos, isso se inverteu. Citou 28 ações do professor *real* e 22 do *ideal*, fez 19 referências ao aluno *ideal* e 16 ao *real*, sendo que, em ambos os casos, a diferença foi pequena. Assim como Helga, referiu-se mais a ações do professor que do aluno; as ações do professor somaram cinquenta e as do aluno, 38. Concluímos, então, que o relato de Hagar no que se refere ao *real* e ao *ideal* mostrou-se equilibrado, talvez porque se encontrasse no exercício de ambos os papéis.

As ações do professor *real*, segundo o relato de Hagar, estariam orientadas para o conhecimento, para ele mesmo ou para o aluno. As *ações orientadas para o conhecimento* referiram-se:

1) ao que o professor faz em relação ao conhecimento: "passa matéria", conteúdo e transfere conhecimento. Tais ações influenciam tanto o aluno como a sociedade, indicando o enorme poder do professor, o que, para ele, seria um benefício:

> ...o professor é, basicamente, além de um simples passador de matéria, digamos assim, ele é um agente influenciador, ele tem um poder de influência tremendo, sobre o aluno e conseqüentemente sobre a sociedade.

2) às maneiras como o conhecimento é tratado em relação ao aluno ou à atividade de ensino: dar aula e "bater papo" com os alunos seriam ações que trariam influência política, no sentido de transferir ideologia. Essa influência seria de grande escala, sendo, portanto, o professor um agente na formação política do aluno. Decorar o conteúdo a ser passado ao aluno implicaria não conquistar o seu interesse. Essa ação foi avaliada como "chata", do que deduzimos que, para Hagar, o professor que não domina o que sabe não conquista o aluno: "...a gente vê muito que os professores, professor ruim, aqueles professores chatos, alguns decoram aquilo lá pra passar..."

"Jogar informações" seria uma ação cujo resultado geraria dúvida no aluno. Em relação a isso, Hagar afirmou que, como o conteúdo da química é muito abstrato, exigiria muito do aluno, o que significa dizer que simplesmente "jogar as informações", sem antes ter uma noção do que o aluno efetivamente sabe, aumentaria a dificuldade:

> ...se você joga só informações pra ele, não trabalha esse conhecimento que ele já tem, de repente ele recebe a informação, mas [...] aí que surgem

> as dúvidas que não são [...] o aluno fica na dúvida [...] química, por exemplo, que é muito abstrato, exige muito [...] do aluno. Então ele começa a tentar relacionar, não vê a relação então separa, aí distingue os conhecimentos dele do que ali é transmitido...

Acrescentar conhecimentos ao aluno, proporcionando-lhe um aumento no seu nível cognitivo, foi uma afirmação que descreveu o professor como um agente importante no desenvolvimento cognitivo do aluno. Para Hagar, ensinar resultaria em transferência, uma relação a dois. Ou seja, o que caracterizaria o ensinar é seu aspecto relacional:

> ...a própria ação de ensinar [...] você tem que estar recebendo informações, conhecimentos, conteúdos, de alguém [...] é uma ação, uma ação que tem que ter uma relação, no caso...

"Jogar matéria" e explicar o conteúdo do livro foram vistos como ações específicas do professor de universidade. Em decorrência, poucos professores saberiam o nome dos seus alunos, exerceriam pouco poder, seguiriam exclusivamente o que está no livro-texto e não estabeleceriam uma relação professor–aluno. Hagar avaliou que essas ações geram um distanciamento entre professor e aluno, demonstrando acreditar que haveria um componente afetivo no exercício de poder do professor sobre o aluno. Seria importante para a relação de ensino que o professor fosse além do que está contido nos livros:

...um professor de universidade trabalha seis meses com o aluno e realmente é puramente jogar, pelo menos os professores que eu vejo, é puramente jogar matéria, acho que poucos professores sabem o nome dos alunos aqui, se passar no meio da rua eu duvido que eles reconheçam como aluno, já cruzei com infinitos professores aí, cumprimento, e eles não sabem. Então, quer dizer, não tem uma relação professor–aluno, cê tem um cara lá que te explica o conteúdo do livro, muitos professores seguem exclusivamente o livro. Quer dizer, na universidade, pelo menos nessa universidade, eu vejo isso, tem um distanciamento muito grande. Essa relação de poder do professor sobre o aluno é uma relação de carisma, de certa forma, quando o aluno simpatiza com o professor, gosta do professor, então ele idolatra aquele professor. É uma simples questão do cara ser o professor, o cara ser o aluno, então já ter esse poder de dominação. Eu acho que vai muito é pela convivência...

3) às atitudes do professor em relação ao seu conhecimento e ao conhecimento do aluno: fazer testes de avaliação, medir conhecimentos, saber o nível da turma e igualar os alunos no mesmo nível teriam como conseqüência o estabelecimento de um padrão e a classificação dos alunos, ações vistas como nem sempre eficazes. Essas medidas, além de um erro, seriam inviáveis ou muito difíceis, porque as turmas são muito grandes. Deduzimos que, para o participante,

mesmo que errados, os alunos teriam conhecimentos anteriores ao ensino formal, o que os diferenciaria entre si. Admitir que não tenham qualquer conhecimento sobre o conteúdo a ser transmitido seria desprezo ao seu saber, levando a uma homogeneização da turma como um todo. Por avaliar essa ação como um erro, Hagar mostrou acreditar que o aluno sempre saiba sobre a matéria, já tenha ouvido falar no conteúdo:

> ...qualquer coisa que o aluno saiba por mínima que seja é um conhecimento. A não ser que você especifique, assim um conhecimento, classifique, embora eu não considere lógica essa classificação, o conhecimento vulgar e o conhecimento científico. Ele tem conhecimentos [...] pode ser até errado [...] mas não deixa de ser um conhecimento que ele tem...

Vangloriar-se de ter conhecimento seria uma ação do professor que decorre da idéia de detenção do conhecimento, deixando aos alunos o papel de "catá-lo". Esse seria o sentido mais tradicional da educação na avaliação do participante. Disso supomos que, para ele, o professor, às vezes, faz uso inadequado do seu poder e envaidece-se de deter o conhecimento:

> Eu acho que o professor, ele de certa forma ele se vangloria muito nesse ponto de ele ter o conhecimento enquanto os [...] alunos ali estão pra simplesmente catar esse conhecimento. Aquele sentido mais tradicional da educação, o professor

é detentor do conhecimento e os alunos estão ali pra retirar do professor o conhecimento, digamos assim...

As ações orientadas para o aluno diziam respeito:
1) a operar algo no aluno: segundo Hagar, existiria uma idéia de que o professor é um transformador da sociedade. Em vista disso, exercer poder seria necessário para cumprir esse papel; o exercício de influência do professor sobre o aluno poderia transformar a sociedade; conscientizá-lo seria, assim, uma ação importante. Inferimos, então, que, para ele, a ação do professor não está restrita à atividade de ensino; a conscientização do aluno é um ponto adicional no exercício do ensinar, o que nos leva a supor que o participante apresentava uma noção ampla de conhecimento:

> ...transferência de conhecimentos, digamos assim, e uma conscientização, eu acho que são dois pontos importantes que ele deve exercer em sala de aula, além de simplesmente passar o conhecimento. Mas, na medida do possível, fazer uma conscientização no aluno, em todos os campos, não apenas social...

A ação de despertar o interesse do aluno evitaria a mera "passagem de conteúdo". Isso, para Hagar, seria uma questão de dom, de prática, de estudo de técnicas. Depreendemos daí que o interesse do aluno perpassaria a ação do professor e a capacidade de despertá-lo viria da união de três fatores: dom, prática e estudo de técnicas. Para obter o interesse do aluno, o professor pode "fazer chantagem", ação avaliada como mais simples. Com base nisso, supomos que o interesse do aluno deveria ser intrínseco e não extrínseco ao assunto estudado. Entretanto, conseguir essa meta seria mais difícil para o professor;

2) a dirigir as ações do aluno ou relacionar-se com ele, tendo o conhecimento como finalidade: trabalhar o conteúdo em forma de perguntas e respostas seria uma ação que permitiria ao aluno demonstrar o que já sabe. Logo, responder a perguntas seria um modo de avaliar o saber;

3) a fazer prevalecer a sua vontade ou os seus objetivos como professor: o exercício do poder e a influência sobre os alunos são avaliados como ações semelhantes às da Igreja. Isto é, a relação de ensino, para o entrevistado, seria uma relação de poder:

> ...a gente vê bastante isso, que a Igreja tem uma influência tremenda sobre a sociedade, um poder de dominação tremendo, e eu vejo que o professor também tem isso, um poder semelhante ao de uma Igreja, por exemplo...

Dominar o aluno resulta do exercício de poder e foi considerado uma simples questão ligada ao fato de o professor ser professor e o aluno ser aluno. A determinação de quem exerce o poder estaria relacionada ao posto ocupado na relação: o professor detém o poder *a priori*, pelo fato de estar no papel de professor. A mera obtenção de um título (professor) seria suficiente para que pudesse exercer o poder em sala de aula. Exigir, "cobrar" do aluno permitiria obter o seu afeto, pois não haveria "pessoas totalmente repugnantes". Não seria por ter um bom relacionamento com o aluno que o professor iria ser menos exigente. Portanto, para ele, existiriam vários fatores direcionadores da relação de ensino, além da ligação afetiva entre os participantes da situação de ensino.

As *ações do professor orientadas para si próprio* relacionavam-se:

1) às suas características pessoais: ter dom, para Hagar, resultaria no destaque profissional do professor e na fuga da mediocridade. Supomos, então, que, para ele, haveria uma dimensão subjetiva no jeito de ensinar do professor, necessária para ser um bom profissional. Esse atributo pessoal contribuiria para o bom andamento das aulas e para destacar-se. Sem o dom seria difícil influenciar o aluno e dominar a turma. Esse é um fator subjetivo, um *jeito de ser*, que não seria resultante de treino. Ter receio de errar é uma ação que eliminaria o erro e descartaria a possibilidade de não resolver um problema ou de que o aluno ou o livro impusessem ao professor o conhecimento, mantendo-se a sua figura idealizada pelo aluno. Com base nessa fala, podemos dizer que Hagar mostrava acreditar que o professor tende a alimentar a idealização feita pelo aluno, por ser do seu interesse, e

que o erro seria algo comprometedor para o exercício de seu poder:

> ...o aluno vê no professor o sabedor de tudo, ele não consegue ver o professor não sabendo alguma coisa. Tanto que tem muito professor que tem receio de errar em sala de aula por causa disso, porque seria uma decepção para o aluno. Então eu acho que quando você idealiza uma pessoa você acaba acompanhando o que ela pensa, mesmo que você nem perceba...

2) aos limites e dimensões do papel do professor: errar acarreta a desconfiança do aluno. Isso seria pejorativo e deixaria dúvidas em relação à capacidade do professor, avaliou o entrevistado. O sentido que vemos nisso é que o erro, para o professor, compromete o exercício de seu poder e, diante dele, o aluno perde o referencial da autoridade.

As ações do professor real orientadas para o conhecimento assemelham-se, em alguns pontos, ao que depreendemos do relato de Helga. Como exemplos podemos citar a noção de que o professor é transmissor de conhecimentos e de que se envaidece em detê-los; a afirmação de que o professor se basearia no livro-texto para ministrar aulas (avaliada como monótona por Helga e "chata" por Hagar); e a relação professor–aluno como uma característica essencial da situação pedagógica. Essas avaliações sobre o modo de conduzir as aulas lembram a análise de Patto (1990) a respeito do fracasso escolar. Conforme já dissemos, a escola exige interesse da parte dos alunos. Entretanto, não oferece condições para despertá-lo.

Helga não fez referências à relação de poder que se estabelece na situação de ensino. Embora tenha mencionado ações do professor que direcionariam ações do aluno, nada afirmou sobre influências ideológicas. Encontramos também semelhanças entre o relato de Helga e aquele que é descrito na literatura no que concerne à caracterização da relação social (ver Rodrigues, 1972) e à questão do vínculo (como o professor que não conhece e massifica seus alunos; ver Leite, 1993 e Bohoslavsky, 1993). A diferenciação funcional entre os papéis de professor e aluno apresenta-se no relato de Hagar referente ao professor real: um ensina, o outro aprende.

O estabelecimento de uma relação de confiança entre professor e aluno está presente no relato de Hagar. Para ele, o domínio do conhecimento pelo professor gera confiança por parte do aluno. Isso nos lembra a noção de expectativa do papel: os alunos esperam que o professor saiba tudo, ou seja, o aluno tem confiança no professor como referencial de saber, como autoridade do saber e fica decepcionado, caso este demonstre dúvida. O que o aluno espera do professor cria uma noção de como ele deve agir, o que aparece no relato de Hagar, quando alude às atitudes do professor em relação ao seu conhecimento e ao do aluno. Para ele, o professor tende a igualar os alunos no nível zero, admitindo que não tenham conhecimento algum do conteúdo a ser aprendido, além de envaidecer-se por deter o conhecimento. Parece que, para Hagar, o professor seria quem sabe e o aluno quem aprende, o que é semelhante à visão de Helga quando disse que o aluno tenderia a desvalorizar o seu conhecimento. Ele estaria, nesse caso, influenciado pelas expectativas do professor sobre seu papel, as quais determinariam a sua função e os resultados do ensino (vide Maisonneuve, 1977; Rosental e Jacobson, 1993).

Hagar referiu-se a ações do professor *ideal* orientadas para si mesmo ou para o aluno. As *ações orientadas para si mesmo* eram relativas:

1) ao conhecimento do professor quanto ao aprendizado de técnicas ou de sua atualização em termos de conteúdo: estudar técnicas desenvolveria a capacidade de controlar o aluno e fazê-lo interessar-se. Vemos, assim, que, para Hagar, apesar de o dom ser um requisito, seria possível ao professor aprender como despertar o interesse do aluno. Aprender, pesquisar e atualizar-se seriam ações e não apenas retórica. Logo, o professor também se desenvolveria no processo ensino–aprendizagem: "...de vez em quando você balança na base e sente uma necessidade de pesquisar, de se aprofundar mais no conteúdo..."

"Balançar nas bases", sentir necessidade de pesquisar, aprofundar-se no conteúdo levariam ao aprimoramento. Para Hagar, por meio da ação de perguntar do aluno, o professor ver-se-ia diante de suas próprias dúvidas e procuraria solucioná-las e respondê-las. Em outras palavras, tanto o aluno quanto o professor teriam dúvidas. A diferença entre ambos seria a de que o professor já teria uma autonomia para a busca de solução, ao passo que o aluno ainda dependeria do professor, estando sua autonomia em desenvolvimento pela ação deste;

2) à atividade de ensino e seus resultados: ter carisma seria uma condição geradora de atenção e prazer para o aluno assistir à aula. Vemos, desse modo, que o componente afetivo parece ser um determinante na posição favorável do aluno em relação à matéria. Saber exigir é uma outra ação do professor ideal que levaria o aluno a executar as tarefas e a gostar dele. Concluímos, então, que, para Hagar, a maneira como o professor impõe sua autoridade determinaria, em algum grau, o sucesso de suas intenções.

As *ações orientadas para o aluno* referiram-se:

1) ao interesse do aluno: despertar o interesse pelo conteúdo e pela aprendizagem foi considerado uma ação muito complexa. Segundo o entrevistado, o interesse deveria dirigir-se ao conteúdo da matéria. Estar centrado apenas na pessoa do professor não seria suficiente para garantir bons resultados ao ensino: "...o professor deveria despertar esse interesse no aluno, pelo conteúdo em si, pela aprendizagem em si...". Trabalhar o aluno e incentivá-lo elevariam o seu conhecimento, fazendo-o ir cada vez mais adiante. Ao final, a turma como um todo estaria homogênea. Hagar parecia acreditar, assim, que o processo de ensino tem um efeito homogeneizador;

2) ao envolvimento do aluno na situação de ensino: aproveitar o interesse espontâneo do aluno e "ter jogo de cintura" são ações do professor que permitiriam a captação e a aprendizagem definitiva por parte dos alunos. O professor deveria aproveitar-se dos momentos de interesse dos alunos para "jogar a matéria". Mas, segundo Hagar, não há fórmulas para essas ações. Vemos, então, que, para ele, existe um interesse natural do aluno a ser aproveitado pelo professor, e isso é útil ao ensino. Além disso, certas características, inerentes à pessoa, são importantes para o exercício da docência. Afirmou também que estimular as ações do aluno e dar-lhe oportunidade para manifestar seu interesse tornariam a aula mais dinâmica e menos monótona, além de permitirem o enriquecimento dos conhecimentos do professor. Deduzimos, então, que, para ele, há alguma relação entre o interesse do aluno e a ação do professor dirigida a esse interesse. Parece que uma alimentaria a outra. Todavia, tudo dependeria do professor, pois "o aluno que pergunta muito é um fruto do professor";

3) às condições para que o aluno aprenda, examinadas e levadas em conta as suas características: escutar o que o aluno conhece, abranger esse conhecimento, operar com ele e relacioná-lo com o que está sendo ensinado na sala de aula são ações que fariam emergir a discussão e permitiriam estabelecer uma ligação entre o que o aluno sabe e o que está sendo ensinado na escola, criando, assim, uma unidade:

> ...expor as dúvidas, expor outros dados que ele tenha, por exemplo: ele recebe o conhecimento mas ele acha que tem o outro conhecimento que ele relaciona com aquilo, o aluno faz muito isso, "Ah! ouvi falar", então em vista surgiu isso, aí ele coloca em sala de aula, aí o professor tenta abranger, ver se relaciona ou ver se, pra surgir uma discussão...

Com isso, percebemos que, para Hagar, professor e aluno seriam debatedores. O debate entre eles seria desencadeado quando o professor introduzisse o conhecimento do aluno como temática. Para ele, o professor também é ponte entre o que o aluno sabe e o conhecimento formal, além de ser responsável pela concepção que este constrói do conhecimento. A união entre o saber informal e o formal é que tornaria o conteúdo escolar significativo para o aluno. O professor deveria, ainda, ter domínio, ter doutrina para ensinar. Assim, poderia influenciar os alunos. Apenas deter o conhecimento não seria suficiente para isso. Haveria, desse modo, algo além do domínio do conteúdo a ser ensinado, que conferiria ao professor o poder de dominar uma turma. Ou seja, existe uma diferença entre o conhecimento do conteúdo e o conhecimento de estratégias de dominação. Nesse extrato do discurso de Hagar, verificamos uma contradição: por um lado, só o título de professor seria suficiente para exercer o poder, dado que, segundo seu próprio relato, tal exercício seria simplesmente decorrente do fato de o professor ser professor e o aluno ser aluno. Por outro, como vimos aqui, seria necessário algo mais para esse fim;

4) à relação do professor com o aluno e aos objetivos e resultados do ensino: o professor participaria ativamente da socialização do aluno. Ao professor caberia trabalhar também no sentido de inserir o aluno na sociedade: "...o professor, quer dizer, a escola em si, ela é um ambiente de socialização do aluno, o professor participa disso ativamente..."

Assim como Helga, Hagar via as ações do professor *ideal* orientadas para si mesmo estreitamente relacionadas com seu aprimoramento em termos de conhecimentos. Esse ponto comum ao discurso de ambos e o que encontramos na literatura sobre a reciprocidade de ações e da plasticidade dos papéis demonstram que nos seus relatos existe a idéia de que haveria trocas de papéis de professor e aluno, eles teriam interfaces e mudariam, ou seja, o professor *ideal* assumiria posição de aluno, na medida em que também aprenderia, ação esta ligada aos questionamentos apresentados pelo aluno. Outro tópico similar nos relatos deles é que a plasticidade e a reciprocidade só apareceram quando fizeram referência ao professor *ideal*.

A questão da afetividade no processo ensino–aprendizagem apareceu no relato de Hagar, quando falou sobre o dom ou o carisma. Seria pelo dom ou pelo carisma que o professor suscitaria no aluno o prazer em assistir à aula, o gosto pelo professor. Veremos isso novamente mais adiante, ao descrevermos o que esse participante falou da ligação afetiva entre o aluno e o professor. Encontramos na literatura algumas discussões sobre a questão do vínculo professor–aluno e seus resultados, em termos de identificação, de socialização (da qual, segundo o entrevistado, o professor participaria ativamente) e de complementação de papéis (ver Leite, 1993; Bohoslavsky, 1993; Maisonneuve, 1977). O aluno assume sua condição com base no vínculo afetivo que estabelece com o professor, seu contrapapel. Esse vínculo, no nosso entender, é a pedra angular que sustentará todas as suas ações na situação de ensino, sua posição como aprendiz, liderado, questionador. Isso corrobora também a discussão a respeito da participação da criança no seu processo de desenvolvimento (Elbers, 1992; Carvalho, 1987). O vínculo seria, para o aluno, condição para agir na situação, funcionando, assim, tanto para a sua participação como para a sua não-participação, dependendo da sua natureza.

A função do professor como informador, transmissor de conhecimento, de forma alguma o isentaria de ser um formador e contribuir para o desenvolvimento do aluno, em termos de produção de conhecimentos sobre o conteúdo veiculado, dos papéis sociais dos envolvidos e de sua evolução pessoal. O aluno necessitaria ser conquistado para assumir sua posição. Caberia ao professor estabelecer com ele um vínculo construtivo para ambos, pois, de outro modo, pode-se proporcionar o movimento contrário do aluno, ou seja, sua oposição à função do professor. Essas questões emergiram quando Hagar tratou das ações do professor ideal voltadas para o aluno. Tudo que o professor faz teria como fim o aluno, quer seja para despertar o seu interesse, para proporcionar condições para sua aprendizagem, quer seja para envolvê-lo na situação pedagógica (a esse respeito, ver Goes, 1993).

As ações do aluno *real*, segundo Hagar, estariam ligadas à sua relação com o conhecimento, com o professor e às suas próprias atitudes. As *ações do aluno relacionadas ao conhecimento* apresentaram-se da seguinte forma:

1) em termos de como opera com o conhecimento. Aprender seria uma ação do aluno. Ele aprende não apenas conteúdo, cabendo-lhe codificar e entender a informação, como um sujeito ativo no processo de ensino–aprendizagem: "...o papel dele é receber, além de receber a informação, é de codificar isso, é entender, tentar procurar, pesquisar, ter dúvidas..."

Ao comparar o que sabe com o que é ensinado na escola e não ver uma ligação entre os dois, o aluno estabelece uma distinção entre eles: "...ele começa a tentar relacionar, não vê a relação, então separa, aí distingue os conhecimentos dele do que ali é transmitido..."

Logo, estaria sempre comparando o que vê na escola com o que vê fora dela, e isso poderia ter um valor para ele. Ao não perceber uma ligação, que seria fonte de estabelecimento de um significado para o que estaria aprendendo, não se interessaria pelo conteúdo da escola, separando-o do que lhe fosse significativo;

2) em termos de localização do interesse. Interessar-se por temas atuais seria uma ação do aluno que o professor poderia aproveitar para "jogar a matéria". Isso significa que o aproveitamento do interesse manifestado pelo aluno seria função do professor. Para Hagar, o interesse do aluno seria despertado pelos meios de comunicação (jornais, revistas, televisão):

> ...um exemplo, coisas atuais, como [...] teve aquele incidente no Japão, aí você joga aquilo em sala de aula, fala o que que é a substância, que relação que tem com o organismo, essas coisas mais que eles vêem, que eles têm mais curiosidade, que a mídia divulga, parece que desperta muito o interesse [...]. A questão da radioatividade, teve uma época aí que tudo quanto é aluno queria saber sobre radioatividade, então [...] você tem que aproveitar esses momentos e jogar a matéria que eles captam aquilo e aprendem aquilo para sempre. Então é muito a questão do momento, não é simplesmente uma fórmula: "Eu só faço isso aqui que o aluno vai despertar o interesse". Acho que depende muito do jogo de cintura do professor...

3) em termos do tipo de conhecimento. O aluno teria um conhecimento, mesmo que mínimo ou errado. Se o professor fala de um determinado assunto, o aluno já saberia do que se trata. O aluno teria um co-

nhecimento anterior ao da escola, ainda que diferente do que fosse por ela difundido. Sua visão seria diferente da do químico; portanto, Hagar admitiu que o conhecimento tem significados diferentes para cada pessoa.

As *ações do aluno relacionadas às suas atitudes* podiam ser:

1) referentes ao conteúdo. Ao mencionar a ação de receber a informação, Hagar leva-nos a pensar que via o aluno como um sujeito passivo no processo de ensino, contradizendo o que já dissera e que indicava uma atitude ativa do aluno. Manifestar dúvidas seria uma ação do aluno que resultaria em chamar a atenção para coisas que o professor não teria a perspicácia de perceber. Essa ação foi vista, por Hagar, como surpreendente:

> [os alunos] têm dúvidas que você... não teria a perspicácia de já ter percebido aquela noção que ele fez em relação ao conhecimento que ele tem com o de sala de aula.

Vê-se, portanto, que, para ele, a capacidade do aluno pode surpreender o professor, na medida em que, na maioria das vezes, ele seria visto como alguém que não sabe. "Sofrer a educação" seria uma ação paciente do aluno, avaliada como subentendida ou inserida em uma relação. Novamente, isso contradiz a idéia de que o aluno seria ativo no processo de ensino–aprendizagem. Nas suas próprias palavras:

Eu acho que tudo é uma relação, você tem que estar recebendo informações, conhecimentos, conteúdos de alguém pra você poder, digamos assim, sofrer a educação, então a educação na realidade é uma ação, uma ação que tem que ter uma relação, no caso...

2) referentes à situação de sala de aula. Ao responder a testes, o aluno "ficaria com complexo", não responderia e não se sentiria obrigado a fazê-lo. Concluímos, então, que o aluno, para Hagar, só faria o que tivesse valor para si. Novamente, destacamos uma contradição: ora o aluno é ativo, como nesse caso, ora é passivo.

As ações que descrevem o *relacionamento do aluno com o professor* referiram-se:

1) à maneira como o aluno vê o professor. Conceber o professor como quem sabe tudo resultaria na impossibilidade de o aluno vê-lo sem saber algo e no acompanhamento, mesmo que involuntário, do seu pensamento. Isso seria, então, uma idealização da pessoa do professor. Portanto, haveria um poder de dominação do professor – em relação ao aluno – tão forte, que este poderia segui-lo mesmo sem perceber;

2) às bases da relação. Depender do professor e exigir dele carinho seriam ações específicas do aluno de primeira à quarta série, o que cria uma ligação afetiva muito forte, a exigência de atenção exclusiva e a facilidade de sofrer influência do professor. Por permanecerem muito tempo juntos, o professor chegaria

a ser pai ou mãe para aqueles alunos. Conseqüentemente, o aluno mais jovem liga-se fortemente ao professor, e o tempo que permanece com ele influencia nessa ligação. Já no caso do aluno de ensino médio, a dependência em relação ao professor decorre do fato de ter-se acostumado com o seu jeito. A ligação afetiva é menor e não "extrema" como nas séries iniciais. Portanto, para Hagar, a intensidade do apego do aluno ao professor varia de acordo com sua idade. Ao adquirir autonomia, essa relação muda, ficando menos baseada em fatores afetivos e constituindo-se, então, de outro modo. No ensino médio, isso acontece, provavelmente, porque a influência é exercida por vários professores.

> ...eu já trabalhei com primeira à quarta série, a dependência que os alunos têm em relação a um professor da primeira à quarta série é tremenda [...] eles tinham uma dependência tremenda da gente, tanto que quando a gente sai eles choram, se lamentam, pedem pra voltar. Agora, isso já não acontece com aluno de ensino médio, por exemplo, cê tá saindo, entra outro professor, acho que eles mal dizem tchau, então não tem aquela relação mais apegada...

As ações do aluno *ideal* estavam predominantemente relacionadas às suas atitudes. Houve também menção a ações ligadas ao conhecimento e ao relacionamento com o professor. As *ações relativas às atitudes* diziam respeito:

1) ao conhecimento. Trabalhar o conhecimento que recebe, procurar, pesquisar, ter dúvidas e expô-las demonstrariam a atividade do aluno. Expor dados e relacionar outros conhecimentos com os recebidos na escola resultaria em uma discussão que permitiria ao aluno estabelecer uma ligação entre seus conhecimentos prévios e os escolares, e ao professor tentar abranger aqueles conhecimentos: "...trabalhar esse conhecimento também, ou de pesquisar, ou de surgirem dúvidas em cima disso...". Para o entrevistado, isso foi considerado importantíssimo. Então, para ele, haveria várias fontes de conhecimento, além do professor e da escola, e o aluno, ao trazer para a sala de aula informações que conheceu fora dela, faria emergir discussões e alimentaria o debate em aula. O ato de relacionar os conhecimentos seria uma forma de o aluno demonstrar sua atividade e, ao mesmo tempo, um resultado da ação de expô-los;

2) ao professor. Ao exigir do professor, o aluno suscita nele a busca de atualização, tornando a aula mais dinâmica com o surgimento de informações importantes, tornando-se autônomo em relação ao conhecimento, ao entendê-lo como unitário, não dissociado: "...tem alunos que exigem do professor muito, então o professor tem que estar pesquisando, tem que estar renovando..."

Por ter acesso a meios algumas vezes inacessíveis ao professor, disse Hagar, o aluno captaria conteúdos que passariam despercebidos ao professor e o questionaria. Logo, para o entrevistado, há, nessa relação, uma troca: a renovação do professor a partir da exigência do aluno e a autonomia do aluno em relação ao conhecimento. O aluno oxigena, assim, o processo de ensino por ser mais sensível às novidades que o professor;

3) às condições de ensino. Se o aluno presta atenção e tem prazer em assistir à aula, o professor atinge seus objetivos. Para Hagar, o componente afetivo seria determinante da ação favorável do aluno em relação à matéria e dos resultados do ensino;

4) aos seus próprios objetivos. Tomar parte no ensino e ter um objetivo teria como conseqüência a participação ativa do aluno no processo ensino–aprendizagem. Logo, o aluno *ideal* seria um sujeito ativo, o que está de acordo com o que já foi dito acerca do aluno real.

As *ações relativas ao relacionamento do aluno com o conhecimento* referiram-se:

1) a como opera com o conhecimento. As ações de interligar o conhecimento, relacionar dados, aumentar seus níveis cognitivos, receber e discursar, aprimorar suas definições e perguntar suscitariam a dinamização da aula, a mudança e o desenvolvimento da autonomia do aluno em relação ao conhecimento e o surgimento de informações importantes. Para Hagar, isso seria um privilégio. Alguns pontos que passam despercebidos ao professor são captados pelo aluno, que os expõe em sala. Logo, o professor renovar-se-ia com a exigência do aluno, cuja autonomia em relação ao conhecimento dependeria do modo de ambos relacionarem-se:

... [os alunos] jogam questões dentro de sala de aula [...] questões que você por exemplo pode nem imaginar. Você não teria a perspicácia de já ter percebido aquela noção que ele fez em relação ao conhecimento que ele tem com o de sala de aula...

2) aos objetivos do ensino. Adquirir conhecimento, mudar de série e avançar denotariam mudança no nível cognitivo do aluno. Por conseguinte, o ensino proporcionaria mudanças qualitativas no aluno.

As *ações referentes ao relacionamento do aluno com o professor* ligavam-se:

1) a particularidades dessa relação. Ao exigir do professor, o aluno o faz buscar atualização. E ao captar e expor questões que passam despercebidas pelo professor, auxilia o processo ensino–aprendizagem. Haveria, assim, uma parceria entre ambos, contribuindo para a renovação do professor e para o desenvolvimento da aula. A simpatia, o gostar do professor levariam o aluno a aproximar-se dele, idolatrando-o e conferindo-lhe mais poder. Para Hagar, essa seria uma relação carismática. Desse modo, haveria um componente afetivo no exercício de poder do professor.

Nessas descrições das idéias de Hagar, a questão da atividade/passividade de aluno e professor parece-nos ser um ponto bastante controvertido e contraditório. Quando fala do aluno *real* ou *ideal*, ele o apresenta sempre como ativo, seja em relação ao conhecimento, seja em relação à situação de sala de aula. Quando fala do professor, indica ações que denotam passividade do aluno (transmitir conhecimento, por exemplo). Hagar, vez ou outra, contradiz-se, demonstrando no seu relato a respeito das funções do professor que ora o aluno é passivo, ora é ativo. É ativo, ao estabelecer relações entre os conhecimentos, operar com eles, elaborar e apresentar questionamentos; é passivo, na medida em que segue o comando, é liderado pelo professor, depende dele e *sofre* a sua influência. O professor aparece sempre como ativo, já que tem iniciativa e exerce o comando, estabelece os objetivos e executa ações para atingi-los. A questão da atividade do professor e do aluno, a nosso ver, poderia estar ligada à autonomia, na visão de Hagar. O professor seria ativo porque é autônomo em relação ao conhecimento; o aluno, sob a ótica da função do professor, passivo, porque ainda lhe falta autonomia.

Essa característica do relato de Hagar remete-nos novamente aos seus papéis de professor e de aluno. Parece-nos que essa posição é, ao mesmo tempo, vantajosa e geradora de conflitos. Vantajosa porque lhe é mais fácil assumir funções que seriam do aluno, proporcionando a este oportunidades de ser autônomo e contribuindo, dessa maneira, para o seu desenvolvimento. Geradora de conflitos porque, ao assumir, simultaneamente, a sua própria autonomia e a do aluno, confunde-se, por entender que lida, ao mesmo tempo, com duas posições antagônicas. Há também conflito no estabelecimento da relação professor–aluno. A atuação do professor dependeria de um posicionamento do aluno decorrente de uma relação de confiança na autoridade do professor, da posição que este ocupa na sala de aula. Tendo em conta que o erro significaria a perda dessa confiança, a demonstração de falta de autonomia poderia ter o mesmo significado. Por isso, o medo de errar; por isso, o procurar informar-se para não decepcionar o aluno. Nesse sentido, o exposto no relato de Hagar está absolutamente condizente com o seu agir, conforme discutimos na nossa exposição acerca do uso do relato verbal como dado de pesquisa. Importa, pois, a nosso ver, identificar e analisar a contradição das idéias e não a oposição teoria–prática, dizer–fazer, oposição essa simplificadora e freqüente em estudos sobre o professor.

Algumas ações do aluno *ideal* poderiam estar fazendo parte da realidade de Hagar, se as tomarmos como relato de experiência. As ações por ele apontadas parecem ter sido, em algum momento, vividas e fizeram-no refletir sobre seus conhecimentos. Com os questionamentos trazidos pelos alunos, pareceu-nos, Hagar foi pego de surpresa. Provavelmente, essa situação mudou sua concepção de aluno e de professor. Ele deveria imaginar, por exemplo, que o aluno seria aquele que não sabe e o professor, o detentor do saber, por isso, surpreendeu-se. O aluno de Hagar é ativo, mesmo o *real*, talvez por espelhar a sua própria situação, diferentemente do que acontece com Raquel, como veremos a seguir.

A visão de Raquel sobre os agentes do processo ensinar–aprender

Raquel foi, entre os participantes, a que mais fez referências a ações do professor *real*, que somaram 44 (do *ideal* foram 21). Seu relato constituiu-se, assim, o oposto ao de Helga, que, como já assinalamos, foi quem fez mais referências ao professor *ideal*.

As ações do professor *real* que predominaram no relato de Raquel foram as orientadas para si, seguidas pelas orientadas para o aluno e, por último, as orientadas para o conhecimento. As *ações do professor real orientadas para si* eram relativas:

1) às características pessoais do professor. Ter conhecimento e liderar resultariam na percepção da autoridade do professor pelo aluno: "...quando você tem um conhecimento, parece que fica assim meio como autoridade... [o professor] é líder o tempo inteiro..."

Atuar em detrimento dos alunos, portando-se como o ator principal, desviaria o foco da relação para um de seus agentes, em vez de mantê-la no conhecimento, no trabalho. Seria difícil existir uma relação entre os atores nessas condições, em que um se sobressai, ou destaca, em relação ao outro. As metodologias de ensino que privilegiassem a atuação do professor, concluímos, desconsiderariam o aluno como um ator da situação, segundo o ponto de vista de Raquel, como o trecho a seguir ilustra:

E- O que você acha disso? Dessa minha idéia de que para o aluno a questão relacional é muito importante e o professor não consegue perceber isso, ou, sei lá, não percebe.
R- É, ou talvez não trabalhe muito essa questão, pode até perceber mas não trabalha muito.
E- Porque têm várias dificuldades aí, tem a questão institucional, uma coisa importante que cê falou, cê tem oitocentos alunos, como é que você vai fazer pra se relacionar de uma forma igualitária com oitocentas pessoas, não deve ser fácil assim.
R- Mas aí quando eu por exemplo te falei, outra coisa que diferencia muito é você, bom, o número menor de alunos, quando é questão de laboratório, e envolvimento no trabalho.
E- Sim.
R- Enquanto você for o ator principal isso é difícil ocorrer. E quando eu coloquei uma situação em que isso ocorria, que foi na UnB, é exatamente porque essa relação mudava também... Era o trabalho, o conhecimento que estava em jogo, porque não existia aula expositiva...

2) às condições de trabalho do professor. O professor trabalha sozinho, tem pouco tempo, pois falta integração no ensino médio. "Dar matéria do século passado" foi, também, uma ação mencionada por Raquel. Ministrar aula para seiscentos alunos em várias turmas diferentes e dezesseis aulas por turno, conforme apontou, resultaria em incidência de doenças e

estresse. Ela avaliou isso como "massacrante": 32 aulas semanais para 40/45 alunos, com a perspectiva de apenas trinta dias de férias. As condições atuais de trabalho do professor foram vistas como *agentes estressores*, gerando doenças graves e até morte. Atender os alunos em sala de aula foi uma ação vista como muito difícil em uma sala com quarenta alunos: quando o professor dá atenção a um grupo, o outro está fazendo outras atividades. Logo, as condições de trabalho do professor dificultam o atendimento individualizado, já que ele não consegue atender todos os alunos que tem em sala de aula. Ser mais rígido viria, assim, em decorrência dessas condições. Essa ação ocorre nas circunstâncias em que o aluno elabora atividades que não pertencem à matéria em pauta. Algumas dessas citações são ilustradas nos trechos a seguir:

> ...então você tem pouco tempo também. O que eu acho que está precisando muito em termos de ensino médio é integração. Parece que todo mundo trabalha sozinho, não existe integração, é incrível...
>
> ...atualmente por exemplo, quando o governo tomou posse, as pessoas foram para os devidos lugares [...] o professor deveria dar 16 aulas por turno, por vinte horas, ou seja, nós estamos dando em geral, quer dizer tem [...] são 16 aulas por turno, são 32 aulas semanais com 40, 45 alunos, quer dizer, um profissional extremamente massacrado e agora querem que esse cara tenha 30 dias de férias, loucura...

...eu acho que se você for pegar os profissionais que, eu inclusive sugeria o sindicato, o pessoal acha que é besteira ver, porque a Fundação, ela tem uma situação diferenciada do resto, que é o seguinte: ela funciona desde 60, então pra ver quem são os professores vivos, aposentados pela Fundação, não é?
E- Quem sobreviveu.
R- Qual é a porcentagem de vivos que estão aposentados? Parece que o índice é enorme de doenças de morte, câncer e coração. Doenças de estresse, há gente extremamente estressada...

...no momento em que ele trabalha realmente melhora o interesse, pelo menos pela coisa do agora, da atividade momentânea, melhora bastante. Agora você não pode, é muito difícil você fazer isso numa sala em que você tenha quarenta alunos, quando você atende um grupo, o resto tá fazendo outras coisas...

O fato de ter de dividir a atenção entre muitos alunos cria dificuldades para estabelecer uma grande interação com eles. Portanto, a interação requer uma quantidade menor de alunos por professor do que a existente. Segundo Raquel, o professor recebe pronta a organização das suas condições de trabalho, fato comum entre os professores de ensino médio. Portanto, o professor seria passivo, já que a instituição lhe dita o modo de trabalhar. Trabalhar só, ou na companhia de colegas apenas nas coordenações, seria uma realidade das condições de trabalho do professor que dilui o trabalho de grupo. Tais condições, avaliou Raquel, seriam favoráveis apenas para a elaboração de provas, conteúdos e expansão do programa, mas não favorecem as trocas de experiência ou o planejamento conjunto de atividades. Isso significa dizer que o trabalho organizado pela instituição privilegia o que é estático, como o conteúdo e a avaliação. Os aspectos dinâmicos – por exemplo, a maneira de ensinar – são negligenciados. A organização imposta ao trabalho do professor retira dele o seu aspecto dinâmico, o inverso ocorreria caso fosse organizado pelo coletivo dos professores. Para Raquel, o professor não assume o poder, nem age como autoridade, ao trabalhar lado a lado nas bancadas com os alunos (aulas de laboratório). Subir no palco e assumir a liderança, para ela, acarretariam o fim da igualdade. Supomos, assim, que, segundo a ótica de Raquel, a própria configuração do espaço físico influi no tipo de relação que se estabelece entre os atores do processo ensino–aprendizagem:

> E- E você como professora, será que mudou tanto assim o ensino, a sua perspectiva da atividade de ensinar e aprender. Será que o método influenciou tanto assim nessa...
> R- Eu acho que mais as condições, não? As condições, eu acho que determinam bastantes coisas. Eu tenho oitocentos alunos, isso muda bastante a perspectiva, né. Quer dizer, mesmo que eu queira fica muito difícil ter uma grande interação. Em-

bora isso ocorra quando eu coloco também no laboratório, aí a coisa também muda, não sei se você pode perceber que toda vez quando eu me refiro ao meu trabalho de laboratório a coisa fica mais direcionada para professor e aluno onde não existe tanto isso. Porque aí tem duas coisas, uma, eu acho importante isso porque a gente vê lá, né, é que tudo lá foi feito pela gente, entendeu? Tudo, desde a organização até o que que a gente vai colocar ou não. Num curso normal de ensino médio essas coisas já vêm propostas, já vêm feitas, lá a proposta foi feita por nós, existe um grupo por trás. Numa condição normal de professor de ensino médio não existe praticamente, o grupo real não existe...

3) aos limites ou dimensões do papel de professor. Envolver-se com o trabalho e com a área de conhecimento e ser ator resultariam no envolvimento do aluno, influenciando, inclusive, sua escolha profissional. Assim, a ação do professor poderia ser decisiva na escolha profissional do aluno. Para Raquel, o professor tem um papel social distinto, diferente do aluno:

...mas ele [o professor] é uma pessoa distinta, num papel distinto. Ele não é aluno, no momento em que tá trabalhando... É, eu acho que pode não ser preciso, mas existe, existe na realidade uma separação grande... Primeiro porque assim, até, sobre a visão de cada um, o aluno tem uma visão diferenciada da do professor...

Liderar e posicionar-se de forma autoritária são ações do professor que desconsideram e refutam os questionamentos dos alunos, ocorrendo apenas em situações de sala de aula, nunca no trabalho conjunto de laboratório. Isso significa dizer que, quando o professor não divide o trabalho, ele exerce o comando de maneira autoritária, não permitindo a participação do aluno. Existiria, assim, uma relação entre a estruturação da atividade e o tipo de interação que se estabelece entre professor e aluno:

> R- É, é um negócio engraçado, agora eu fico me lembrando que quando, por exemplo, eu vejo no laboratório as minhas posições de autoridade assim, autoridade quanto ao conhecimento, é quando eu às vezes eu estou explicando uma coisa pra eles lá na frente, então alguém me pergunta: "Poxa, mas isso não tá errado?" Às vezes eu falo bem autoritariamente: "Não, porque isso, porque aquilo", mas isso nunca ocorre quando eu estou lá trabalhando com eles.
> E- No laboratório.
> R- Não, é assim, por exemplo, o laboratório tem um quadro, essas coisas todas, aí às vezes eles não entendem, aí eu vou explicar pra turma toda, então nesses momentos você é muito mais autoritário quanto ao seu conhecimento de que quando você está lá nas bancadas trabalhando, entendeu, aí a relação é igual. Mas no momento em que você tá...

As ações do professor orientadas para o aluno referiram-se:

1) a operar algo no aluno. Para Raquel, a atuação do professor auxilia na formação do aluno. Ministrar aulas, ensinar modos de raciocinar, ensinar, de um modo geral, influenciariam a escolha profissional, o seu comportamento social, as suas opiniões e práticas de vida e, até mesmo, o aprender a aprender. Isso passaria meio despercebido ao professor e seria rotineiro, segundo a avaliação de Raquel. Há, portanto, uma influência muito forte do professor sobre o aluno que não seria intencional e se estende a vários âmbitos: o professor não ensinaria somente conteúdos, mas também condutas, visões de mundo, valores culturais:

> E- Então o professor ele vai, de uma certa forma, ele vai envolver o aluno naquela atividade ali e na medida em que ele envolve o aluno, então ele vai influenciar.
> R- Ele vai influenciar.
> E- Agora, ele vai influenciar só no sentido da escolha profissional ou também em outras áreas?
> R- Ele, eu acho que é assim, também na escolha profissional... Principalmente quando a gente tá no ensino médio, isso porque dentro de três anos o aluno vai fazer a escolha dele. Mas ele pode também influenciar em termos de comportamento, quer dizer, ele tem uma influência muito grande, embora a coisa passe meio despercebida pela gente, porque é uma coisa cotidiana. Então eu acho que em termos de comportamentos so-

ciais também, de visão às vezes das coisas, porque, quando você tá dando uma aula, você não só tá falando sobre a tua disciplina. Você vai, coloca práticas de vida mesmo, opiniões de vida...

2) a relacionar-se com o aluno. Conversar com o aluno seria importante para criar maior entrosamento e contato com ele. Interagir com eles (na aula de laboratório) redundaria em um redirecionamento da relação professor–aluno e, assim, haveria uma mudança de perspectiva para ambos. Para ela, mesmo nas condições reais em que atuava, haveria condições para criar a oportunidade de melhor interação. O professor tem condições de perceber a importância, para o aluno, da relação entre ambos, mas não a valoriza, por não ser do seu interesse.

> Por exemplo, é um negócio engraçado porque, se em sala de aula as pessoas começarem a conversar, aquela coisa atrapalha. No laboratório a gente tá trabalhando e alguém tá falando de coisas, é muito mais fácil participar, mesmo estar rindo, sabendo de algumas características de aluno você acentua, não sei o quê, fica uma conversa mais fácil, porque em sala de aula não dá, é muito difícil, é sempre o professor e quando o assunto não é o que você tá falando atrapalha. Na sala de aula, se alguém fala outra coisa que não é o que você tá colocando no momento, essa pessoa tá atrapalhando. No laboratório nem sempre.

A possibilidade de uma relação mais próxima com os alunos, quando em número pequeno, permitiria maior envolvimento no trabalho e a situação de ensino seria muito diferente. Ou seja, o pouco interesse do professor nas relações com seus alunos parece ligar-se a uma questão institucional: o elevado número de alunos por professor. Para ela, dividir a atenção com um número muito grande de alunos dilui as relações e prejudica sua qualidade. Ao trabalhar lado a lado nas bancadas, ocorreria uma relação mais próxima, já que o professor não se posicionaria como autoridade. O meio seria um parâmetro para o tipo de atuação: haveria uma estrutura física que definiria uma atuação mais autoritária, e outra, uma relação mais próxima entre os atores:

> R- ... o laboratório tem um quadro, essas coisas todas, aí às vezes eles não entendem, aí eu vou explicar pra turma toda, então nesses momentos você é muito mais autoritário quanto ao seu conhecimento do que quando você está lá nas bancadas trabalhando, entendeu, aí a relação é igual. Mas no momento em que você tá...
> E- É uma mudança...
> R- É uma mudança radical...
> E- Parece que você sobe no palco e aí vira...
> R- ...e toma o poder.
> E- Muito interessante isso aí. Engraçado... genial.
> R- Nunca ocorre quando a gente tá nas bancadas com eles...
> E- Lado a lado ali...

R- Lado a lado, trabalhando, eles fazendo as coisas, você fazendo e respondendo, é um relacionamento igual. Agora quando você sobe ao palco... acabou a igualdade.
E- Subiu no altar... Ah, engraçado, quer dizer, então, nas bancadas ali, quando você tá lado a lado com o aluno, se aparece por exemplo uma dúvida, tipo assim: "Ah, mas isso aqui será que é certo mesmo?", você não assume essa posição?
R- Não, não. Agora lá, falando pra todo mundo o exibicionismo...
E- Por que será isso, heim? Por que será, por quê?
R- Relação de poder, não sei, dúvida...
E- Alguém botou em prova o seu conhecimento...
R- É, eu acho que é por aí, não é não, o negócio é automático, porque você tem que ficar mesmo se policiando, porque se você deixar por conta sem fazer uma crítica vai assim mesmo.

3) a dirigir as ações do aluno. Estabelecer o que será de interesse do aluno seria função do professor. Para tanto, deveria pensar no que estivesse disponível, direcionando-se para assuntos atuais. Logo, seria possível prever o que despertaria o interesse do aluno.

As *ações do professor orientadas para o conhecimento* referiram-se:

1) às maneiras como é tratado o conhecimento em relação ao aluno ou à atividade de ensino. Transmitir os conteúdos da disciplina e "dar uma pincelada" no que não fosse essencial, seguir o programa e enfocar o fundamental seriam ações apenas voltadas

para a preparação do aluno para o vestibular. Nesse caso, não seria possível ao professor abranger todo o conteúdo do programa, devendo apenas distinguir o conteúdo mais necessário ao aluno. Fornecer-lhe informações viria, então, como uma forma de atendê-lo em um interesse específico sobre temas da realidade, mas sem a necessidade de exigir-lhe uma elaboração mais cuidadosa. Raquel afirmou que, dificilmente, o professor trata de temas atualizados. Então, o interesse do aluno seria contemplado apenas de maneira informal. Ou seja, o que fosse de seu maior interesse seria secundário; o importante seria cumprir o programa. Portanto, o interesse do aluno seria atendido somente quando dentro do conteúdo programático, já que as aulas teriam o vestibular como objetivo determinado.

> ...você vai enfocar mais determinadas coisas que você acha mais fundamentais, vai passar, dar uma pincelada nas coisas que você acha que não são tão essenciais. Ele [o professor] tem que seguir o programa porque ele... existe toda uma série de coisas, por exemplo o vestibular, que vai cobrar isso do aluno. Você também dificilmente poderia mexer com coisas atualizadas na física porque até a própria formação, o professor não tá atualizado, as coisas andam muito rápido...

Todavia, para Raquel, cabia-lhe, como professora, relacionar o que era ensinado nas aulas práticas e nas teóricas. Vê-se, então, a possibilidade de estabelecer uma relação entre as atividades práticas e teóricas, ao mesmo tempo que oferecer conteúdos ou atividades diferentes, conforme afirmou. As imposições da instituição sobre o professor podem mascarar uma restrição, mas não configuram uma impossibilidade: "...a organização do laboratório tá sendo feita bastante em cima da sala de aula, da teoria, o que é colocado na teoria..."

Segundo Raquel, o ato de explicar utilizando a lousa tornaria o professor mais autoritário quanto ao seu conhecimento. Essa ação seria oposta a trabalhar lado a lado com os alunos nas bancadas, momento em que haveria uma relação mais próxima a eles. Para ela, o professor deveria simplificar o conteúdo, pois o medo dos alunos em relação a determinados conteúdos estaria ligado à maneira como o professor os apresenta. A facilitação da aprendizagem exigiria a simplificação de conteúdos, o que seria uma ação possível. A incompreensão dos conteúdos por parte dos alunos geraria neles emoções negativas;

2) ao que é feito do conhecimento pelo professor. Enfatizar o que considera essencial, cumprindo o programa, seria, para Raquel, o papel real do professor:

> ...eu acho que, falando do real, do papel real do professor, ele tem um programa a cumprir e dentro desse programa ele tem que enfatizar determinadas coisas que ele acha essencial, que ele acha fundamental...

Assim, pudemos entender que, para ela, o professor teria exigências a cumprir, sendo sua flexibilidade restrita, inclusive, pelo programa.

As ações do professor *ideal* mencionadas por Raquel eram orientadas para si próprio ou para o aluno, sendo muito pequena a diferença na quantidade de citações de ambas, em favor das orientadas para o aluno. As *ações do professor ideal orientadas para o aluno* diziam respeito:

1) à relação do professor com o aluno e aos objetivos e resultados do ensino. A principal função do professor ideal mencionada por Raquel seria a de orientar o aluno. Essa orientação abrangeria desde o como e o que estudar, até o comportamento e a realização de tarefas em situações específicas de sala de aula. Fazendo assim, o professor contribuiria para desenvolver no aluno a responsabilidade por seu próprio aprendizado e a sua independência em relação ao professor. Para Raquel, isso seria possível de ser realizado em sala de aula e determinaria os limites da ação do professor. Para ela, a nosso ver, o professor, por ter mais experiência, estaria apto para orientar, direcionando a ação do aluno, que ainda não saberia estudar e interpretar. O papel de orientar seria possível dentro de certos contextos: uma situação em que o aluno é ativo seria suficiente para que o professor se tornasse um orientador. Assim, o aluno, alvo principal do processo ensino–aprendizagem, seria tratado como ativo, de fato:

...o papel do professor seria de orientação do aluno nessa vida estudantil... Orientação em termos de como estudar, o que estudar, o que selecionar de material. A gente tem mais experiência [...]. Seria o professor orientando a como estudar, o que que é importante, dentro da física, dentro das coisas que ele tá vendo; orientar na formação, orientar nos estudos, porque a pessoa não sabe estudar, não sabe interpretar, isso dentro das diversas áreas, então eu acho que o papel do professor é por aí. É de orientador...

...em laboratório é impossível o aluno não estar trabalhando. O trabalho é do aluno, não do professor, lá a gente é mais orientador, na verdade. Eu acho que isso poderia ser feito também em sala de aula com a teoria, mas olha só, no laboratório eu tenho no máximo 15 alunos, então eu tenho um contato grande com eles...

É, a responsabilidade do seu aprendizado era mais sua, o professor era um orientador mesmo, ia estar lá pra orientar o seu estudo, *no máximo*, porque às vezes nem isso. Na verdade realmente você era muito responsável pelo que você aprendia...

Entusiasmar-se teria como resultado a influência do professor na escolha profissional do aluno, o que, na avaliação de Raquel, não seria necessariamente bom. A influência do professor pelo entusiasmo, portanto, poderia trazer resultados ruins para o aluno, pois nem todas as pessoas têm as mesmas aptidões. Raquel apontou a execução de trabalho coletivo como uma ação que não exigiria uma pessoa com o poder da palavra. Tal ação, para a entrevistada, eliminaria problemas, como a separação entre professor e aluno. Logo, os papéis de ambos decorreriam do tipo de relação que estabelecem entre si, e a função do professor não se restringiria à mera mediação do conhecimento;

2) ao envolvimento do aluno na situação de ensino. Ao professor caberia exigir trabalho do aluno. Assim, estaria agindo no sentido de estabelecer uma situação em que o aluno fosse ativo e responsável pela sua aprendizagem. Logo, quem estabeleceria o papel do aluno, nesse caso, seria o professor. Todavia, isso dependeria das condições operacionais. Para exigir trabalho do aluno, seria necessário que o número de alunos fosse compatível com esse objetivo;

3) às condições para que o aluno aprenda, examinando e levando em conta as suas características. Para tanto, seria necessário, ao professor, adaptar o conteúdo de acordo com o interesse do aluno, oportunizando a este uma formação mais geral e também tecnológica. Para Raquel, o conteúdo do ensino médio é desatualizado, lida-se com a física do século passado. Do mesmo modo que o professor real, caberia ao que idealiza simplificar o conteúdo para facilitar a aprendizagem dos alunos:

> ...um trabalho supersimples, mas os alunos morrem de medo de seno e co-seno, você fala em seno e co-seno é um desespero, aí outro dia eu fui

ensinar o que que era seno, o que que era cosseno, o quão era simples a idéia...

4) ao interesse do aluno. O professor *ideal* deveria despertar o interesse do aluno. Nas condições reais de trabalho, isso não seria possível, dada a quantidade de alunos (quarenta por turma, dezesseis horas de aula por semana). Ou seja, Raquel argumenta a favor da melhoria de condições de trabalho para despertar o interesse do aluno. Portanto, a questão do interesse do aluno estaria ligada, em última instância, a questões estruturais do ensino:

...no momento em que ele trabalha realmente melhora o interesse pelo menos pela coisa do agora, da atividade momentânea, melhora bastante. Agora você não pode, é muito difícil você fazer isso numa sala em que você tenha quarenta alunos, quando você atende um grupo o resto tá fazendo outras coisas ou você tem uma coisa que eles têm, por exemplo no... agora nesse final de bimestre cê vê que os alunos estão sempre estudando outras matérias, outras disciplinas na hora das aulas. Então isso é difícil, precisa ter todo um trabalho, entre os professores, uma coisa mais rígida...

As ações do professor orientadas para si próprio referiram-se:
1) aos conhecimentos do professor. Atualizar sua formação seria algo que possibilitaria operar com

conteúdos mais atualizados. Raquel entende, portanto, que o professor não está atualizado, acrescentando que o mesmo sente dificuldade para acompanhar o avanço rápido do conhecimento. Tal dificuldade parecia ligar-se, principalmente, à questão da disponibilidade de tempo:

> ...tem que seguir o programa porque ele... existe toda uma série de coisas, por exemplo o vestibular, que vai cobrar isso do aluno. Você também dificilmente poderia mexer com coisas atualizadas na física porque até a própria formação, o professor não tá atualizado, as coisas andam muito rápido...

2) à atividade do professor. Raquel comparou a atuação do professor à do ator. Nessa comparação, evocou alguns elementos comuns, como a platéia, a posição, o uso da voz. O aluno teria, então, segundo ela, uma visão acerca do professor semelhante à que temos dos atores de televisão, excetuando-se a valorização dada ao ator:

> ...todo professor é um grande ator, quanto melhor professor ele é, melhor ator ele vai ser. Ele tem uma platéia compulsória, com tudo, sempre vai ter audiência...

Portanto, o aluno não vê o professor integralmente, mas estritamente ligado à situação de ensino; não como uma pessoa, mas como uma função:

...o aluno tem uma visão diferenciada do professor... é a mesma coisa que você ver um ator de televisão, quer dizer, diminuindo as proporções... é uma coisa assim de você ver num momento em que ele é um indivíduo e não um ator, não é, ali no trabalho dele...

Ministrar aulas para duzentos alunos por trimestre e dividir o total de alunos entre os colegas foram sugeridas por Raquel como formas de integrar as disciplinas e obter melhores condições de trabalho e descanso. Segundo ela, o professor seria um profissional diferente dos outros e necessitaria descansar mais. Por conseguinte, há necessidade de condições diferenciadas de trabalho para o professor, constituindo-se estas em um número menor de alunos e uma divisão mais racional das matérias escolares. Por ser a atividade exercida pelo professor mais cansativa, requer maior período de descanso. A obtenção de melhores resultados no ensino implicaria, portanto, a reestruturação das condições de trabalho dos professores.

Trabalhar em grupo, planejando, executando, discutindo e modificando atividades com colegas, permitiria a organização das condições de trabalho pelo próprio professor e a manutenção da qualidade da interação com os alunos. Isso facilitaria a inovação, a criação de melhores condições de trabalho e seria uma forma de otimizar os resultados, facilitar as atividades e até mesmo modificar as estratégias planejadas. O professor seria, de fato, ativo. Em contraposição ao trabalho solitário do professor real, que apenas executaria o que foi planejado pela instituição, sendo, portanto, passivo, o professor ideal organiza ele mesmo, em equipe, suas condições de trabalho, denotando sua atividade. Propor estratégias de mudanças no ensino e na escola seria, por conseguinte, também uma ação do professor ideal.

O professor, segundo Raquel, deveria "policiar-se", refletir sobre suas próprias ações, fazer autocrítica, evitando estabelecer uma relação de autoridade extrema com o aluno e tornar, assim, a relação mais cooperativa. Logo, uma relação de ensino deveria admitir a atuação mais igual dos envolvidos e seria o professor quem deveria proporcioná-la: "...você tem que ficar mesmo se policiando, não é? Porque se você deixar por conta sem fazer uma crítica vai assim mesmo..."

3) à atividade de ensino e seus resultados. Ao agir autoritariamente, o professor induz a uma separação entre si e o aluno, pois este já o veria como autoridade, e tal posicionamento suscitaria um distanciamento maior. Expor teoria nas aulas de laboratório facilitaria a aprendizagem, porque o fenômeno estaria sendo observado, apesar de não haver aprofundamento. Portanto, trabalhar com teoria nas situações práticas, ainda que não fosse de forma aprofundada, seria possível e daria bons resultados.

As ações do aluno ideal estavam todas ligadas às suas atitudes, quer em relação aos seus objetivos (que predominaram), quer em relação ao conhecimento ou às condições de ensino.

1) *Atitudes do aluno ideal* em relação aos seus objetivos. Com uma grande atividade na sua formação, o aluno *ideal* julgaria até mesmo o que seria melhor para si. Suas ações seriam: formar-se, escolher uma profissão, profissionalizar-se, verificar o que lhe conviria escolher, encarregar-se de sua formação. Raquel citou, explicitamente, que essas seriam ações de um aluno ideal. Entendemos, então, que o aluno real não executaria esse tipo de ações. Na avaliação da entrevistada, o aluno já chegaria à escola com o objetivo de profissionalizar-se. Supomos, então, que o que o atrairia para a escola seria a perspectiva de profissionalizar-se e não de formar-se:

> Eu tinha colocado que o papel do aluno era realmente se encarregar um pouco da sua própria formação. Claro que isso é a coisa meio no ideal (risos), claro que ele não tem essa idéia...

2) *Atitudes do aluno ideal* relacionadas ao conhecimento. As ações de entender o mundo em que vive, aprender a ler e interpretar levam-nos a concluir que, para Raquel, a escolarização seria uma forma de obter esses conhecimentos.

Trabalhar seria uma ação básica do aluno *ideal*, segundo Raquel, e refere-se ao objeto de conhecimento e a situações específicas de ensino. Isso facilitaria o aprendizado e melhoraria o interesse do aluno. Ela relatou sua experiência nas aulas de laboratório nas quais esse tipo de ação e seus resultados já se faziam presentes. Para ela, a prática com o objeto do conhecimento facilita a aprendizagem do aluno por serem as aulas práticas estimulantes. Na sala de aula, o professor seria ativo e o aluno, passivo. No laboratório, o aluno é ativo e o professor um orientador. Conseqüentemente, o papel de cada ator dependeria da atividade de ensino. O aluno, quando é ativo, teria interesse pela atividade, sendo, então, quem deveria agir mais na situação, tendo o professor apenas direcionamentos a dar acerca do que fazer:

> Olha, eu acho que eu até já vi mais ou menos uma proposta pelo tipo de trabalho que a gente fez no laboratório. Por exemplo, é um negócio impressionante, os alunos do laboratório me dizem assim: "Raquel, por que você não vai dar teoria, a gente não sabe nada de teoria, é tão difícil e tal e você é uma excelente professora", aí eu falo para eles: "Olha, gente, se vocês forem ver na escola em que eu dou teoria o pessoal não acha nada disso, muito pelo contrário, entendem?" Então eu acho que é essencialmente essa coisa do aluno estar trabalhando, porque em laboratório é impossível o aluno não estar trabalhando. O trabalho é do aluno e não do professor, lá a gente é mais orientador, na verdade...

A responsabilidade do aluno por seu próprio aprendizado viria quando ele mesmo tomasse sua direção, o que, para Raquel, não ocorre na situação real. O aluno ideal poderia estudar por interesses sociais mais que pelo conhecimento, podendo mesmo cursar disciplinas pelas quais não estivesse interessado. Segundo Raquel, essa seria uma influência incorreta do grupo, já que não estaria contemplando o aspecto vocacional. Portanto, o fator social poderia ser determinante não do interesse propriamente dito, mas da permanência do aluno na atividade escolar:

> Estimulava as pessoas a estudarem a física e também estimulava a não sair dela. Engraçado, porque às vezes eu vi gente que depois de um determinado tempo abandonou a física, ela poderia ter abandonado naquele momento. Aí, é aquela outra coisa que a gente diz também, o grupo agindo de uma maneira correta e uma maneira que não é correta entre aspas, porque às vezes não é aquilo que a pessoa quer, mas há um encontro com um grupo tão interessante que ela fica...

3) *Atitudes do aluno ideal* ligadas às condições de ensino. O aluno, segundo Raquel, deveria cursar as disciplinas divididas por trimestre, estudando quatro matérias a cada um. Assim, teria mais tempo disponível. Além disso, o número de alunos por professor reduzir-se-ia a um terço do total, modificando substancialmente a situação de sala de aula, inclusive com a integração das disciplinas. Logo, a redução do número de alunos por professor, a divisão mais racional de disciplinas e, portanto, a reestruturação do ensino e da escola seriam formas de promover a integração das

várias áreas e a alteração da natureza do vínculo professor–aluno.

As ações do aluno *real* estavam relacionadas, predominantemente, às suas atitudes; em segundo lugar, à sua relação com o conhecimento e, por último, à sua relação com o professor. As *ações do aluno real relativas às suas atitudes* referiram-se:

1) à situação de sala de aula. O aluno *real* espera que as pessoas lhe transmitam o conhecimento e assiste à aula, sendo, assim, passivo. Ele se porta como um espectador, tendo a escola e a televisão, para ele, a mesma função. Para Raquel, há um desinteresse muito grande, atualmente, sendo difícil haver aprendizado. Conseqüentemente, a passividade denota desinteresse, e sendo o aluno espectador, tem dificuldade de aprender, pois apenas ouvir sobre o assunto não seria suficiente para haver aprendizagem: "Ele tá esperando que as outras pessoas 'transmitam' o conhecimento pra ele, pronto. Ele, é a televisão em casa e a aula na escola..."

Conversar, reclamar ou estudar outras matérias durante a aula seriam atitudes do aluno *real* típicas de sua atividade e atrapalhariam o andamento das aulas. Por outro lado, nas aulas de laboratório, a conversa não o faria, facilitando, ao contrário, o processo e a relação dos envolvidos. Portanto, a estrutura de sala de aula não favorece o estabelecimento de uma relação mais próxima entre professor e aluno, nem o trabalho coletivo, pois ações deste último, como conversar, seriam entendidas como desinteresse, gerando dificuldades para o professor. O diálogo, na situação de ensino, poderia, então, ser tanto prejudicial quanto benéfico, dependendo do número de alunos e do tipo de atividade. Existiriam, assim, as atividades que são facilitadas e facilitam a participação do aluno e as que desviam sua atenção, dificultando o processo ensino–aprendizagem:

> ...se em sala de aula as pessoas começarem a conversar aquela coisa atrapalha... tem também gente que não tem interesse nenhum, que está sempre reclamando: "Ah, isso tudo que nós vamos fazer e tal...". Final de bimestre cê vê que os alunos estão sempre estudando outras matérias, outras disciplinas na hora das aulas...

2) às finalidades do aluno. Para o aluno *real*, formar-se seria uma questão pouco clara, não explícita no período em que ainda está freqüentando a escola, não sendo um objetivo seu e mais uma conseqüência do que um fim.

Ao interessar-se pelo grupo com o qual estuda, o aluno permanece estudando. Essa seria uma influência correta do grupo nas ações do aluno, segundo Raquel. O grupo social pode ser, então, um fator determinante da permanência do aluno nos estudos. O vínculo seria, assim, de grande influência no seu interesse pelo estudo, e a ação de estudar pode ser entendida como uma unidade afetivo-cognitiva;

3) ao conhecimento. O aluno teria necessidade de ver a funcionalidade do que aprende, que uma nova maneira de ensinar funcionaria, apresentando-se como um curioso, alguém que precisaria e gostaria de ver se realmente uma inovação funciona: "Eu acho que você tem que ter um período em que aquilo funcione pra ele, ou que ele veja que aquilo funciona";

4) ao professor. O aluno transfere ao professor a responsabilidade de "transmitir-lhe" o conhecimento. Cabe ao professor agir com este fim e, caso exigisse do aluno atuação, seria considerado por ele como desocupado. Logo, o aluno não se percebe como um ator na situação de ensino–aprendizagem, por entender a ação de ensinar como ativa e a de aprender como passiva.

As *ações do aluno ligadas à sua relação com o conhecimento* referiram-se:

1) a como o aluno opera com o conhecimento. Ao fazer experimentos, o aluno envolve-se no trabalho, conhecendo, aprendendo, construindo novos conhecimentos e desmitificando outros. Sai, assim, da posição de espectador. Por conseguinte, precisaria operar com o conteúdo para aprender. Mas, como tem que estudar doze disciplinas durante o ano todo, fica desorientado. Logo, a maneira como se dividem as disciplinas seria um fator que dificultaria a organização do aluno e, talvez, origine os maus resultados escolares:

> ...fazer pequenos experimentos, esse envolvimento maior no trabalho, para ele saber, aprender

a construir determinadas coisas, desmitificar determinadas coisas...

Por que [...], a gente precise durante o ano letivo ter doze matérias, que eu acho que é mais ou menos, até mais às vezes, o aluno fica totalmente perdido, ele vai ter que estudar doze coisas diferentes, por quê?

2) ao tipo de conhecimento que o aluno tem. O aluno aprende de acordo com a série que cursa. Assim, a série escolar definiria o tipo de conteúdo a ser-lhe ministrado:

> E- Você tá falando que você vai dar uma física dependendo do tipo de pessoa que você vai, que vai estar ali para aprender essa física?...
> R- É, depende se ele tá no primeiro, se ele tá no segundo, se ele tá no terceiro...

O conhecimento que o aluno tem do professor estaria estritamente ligado à atuação deste na sala de aula. O professor seria visto como uma pessoa em sala de aula e outra fora dela. Assim, o que determinaria o papel do professor seria o contexto de sala de aula.

Uma única *ação* estava ligada *à relação do aluno com o professor* e dizia respeito ao alto valor que aquele lhe conferiria.

O conteúdo do relato de Raquel vem confirmar alguns dados acerca dos papéis sociais de professor e aluno, de forma semelhante ao que vimos com Helga e Hagar, notadamente com respeito à relação de autoridade que existiria entre ambos, à natureza de sua relação, à restrição de suas funções e, conseqüentemente, de seus papéis sociais. De forma semelhante ao relato de Hagar, Raquel apontou uma ampla influência do professor sobre o aluno, chegando às escolhas profissionais e mesmo às atitudes diante da vida. Existiria, no entanto, mais rigidez do que flexibilidade nos papéis de professor e aluno, para Raquel. "O professor não é aluno quando está trabalhando", afirmou, querendo dizer que ele não assumiria atitudes de aluno na situação pedagógica. O relato de Raquel diferenciou-se também em termos das referências feitas à relação dos atores. Seu relato não demonstrou que essa seria uma condição necessária para a situação pedagógica. Ao contrário, a relação foi vista como algo que o professor deixaria um pouco de lado, ainda que isso viesse como resultado de uma situação imposta pela instituição. Raquel abordou a questão da reciprocidade das ações do professor e do aluno. Por exemplo, o medo dos alunos, gerando a simplificação do conteúdo pelo professor, o seu desinteresse, levando à busca de alternativas de trabalho, o seu interesse, originando exposição de conteúdos pelo professor, ou mesmo o posicionamento deste como autoridade, exercendo liderança sobre o aluno.

Raquel admitiu também a construção social dos interesses do aluno em termos de profissionalização. Isso pode ser relacionado ao papel da escola como funcionalmente ligada ao papel que os indivíduos exercerão na sociedade (Patto, 1987).

A predominância de atitudes no que relatou sobre o aluno nos leva a crer que, para Raquel, ele deveria ser ativo na situação pedagógica. Essa expectativa de qual seria o papel do aluno não corrobora os dados da literatura que mostram ser a situação pedagógica baseada em uma relação de dependência (Bohoslavsky, 1993). Ainda que as referências às atitudes fossem também predominantes no aluno real, não estavam relacionadas à expectativa de Raquel, se considerarmos expectativas o que ela citou como ações do aluno ideal. Isso pode estar ligado à estruturação da escola, desfavorável a atitudes mais ativas do aluno, ou à situação geral de descrédito que existe em relação aos resultados da educação.

Pelo relato de Raquel, parece que, tanto para o professor como para o aluno, a atitude passiva seria desestimulante. Isso fica claro quando fala sobre a dificuldade de despertar o interesse do aluno quando apenas assiste à aula, diferentemente do que ocorria nas aulas de laboratório, que eram dirigidas por ela, nas quais professor e alunos eram ativos e envolviam-se com interesse. A situação de ensino, para o aluno, configura-se, nas condições dirigidas pela instituição, como algo desestimulante, em que o sujeito ativo é o professor. Tal caráter liga-se ao que vimos na literatura referente à construção de significados pelo aluno (o professor participa da construção dos significados pela criança, conforme Goes, 1993) e sobre a influência da metodologia de ensino determinada pela instituição sobre os resultados do ensino (fracasso escolar como resultado das condições não motivadoras, dada a forma como são determinadas pela instituição, Patto, 1990).

Ainda que possamos notar no relato de Raquel muitas referências a fatores externos restringindo as ações do professor, o que pode levar à conclusão de uma localização de causas fora do seu âmbito de ação para a explicação dos problemas de ensino, cabe salientar que ela apresenta soluções para esse problema, na medida em que os soluciona nas aulas de laboratório que realiza, mostrando que esses problemas são contornáveis se for empregada uma organização mais racional do trabalho pela instituição.

Para Hagar, a autonomia do professor e do aluno daria sentido às suas ações e serviria de base para seu relacionamento, proporcionando também a sua evolução. No caso de Raquel, isso é diferente. A autonomia do professor, ou sua falta, estaria relacionada não ao conhecimento, mas às suas condições de trabalho. O professor, segundo ela, recebe, estabelecidos e organizados por outros, a estrutura do espaço físico onde deve trabalhar com o aluno, os objetivos a perseguir e os conteúdos a ministrar. Ele não teria autonomia para modificar qualquer desses quesitos, a não ser em situações muito específicas e em pequenas proporções. Seria difícil, assim, estabelecer com o aluno uma relação de promoção do seu desenvolvimento, pois, assumindo-se a falta de autonomia, aceita-se o que é ditado pela instituição, o que repercutiria no aluno, gerando-lhe também a passividade.

Desse modo, como se vê passivo, o professor, segundo Raquel, também veria o aluno passivo diante das condições a que está sujeito.

A atitude para promover o desenvolvimento seria exatamente oposta à de Hagar: não assumir a falta de autonomia! Isso só poderia ser feito, e já o estava sendo por Raquel, de forma bem suave, em situações muito específicas, com muita dificuldade e, inclusive, de maneira clandestina.

A rigidez do papel de professor também estaria ligada a essa questão. No relato de Raquel, como já comentamos, predominaram referências a ações do professor *real*. A rigidez parecia espelhar a estrutura hierarquizada da escola. Conforme Maisonneuve (1977), nas organizações hierárquicas, os papéis sociais são definidos em termos de suas funções sem zonas de interface, o que está de acordo com as afirmações de Zanotto (1985) acerca da estrutura de poder nas instituições de ensino. A flexibilidade, que se apresenta justamente quando a influência da instituição é menor, nas aulas de laboratório, demonstra o quanto o papel assume função de expressão pessoal. Vemos, assim, que o discurso espelha a ação e não é dela dissociado. Novamente, constatamos contradição nas idéias e não em dicotomias aprioristicas.

As ações do professor e do aluno, segundo Morgana

Dentre os entrevistados com experiência em ensino, Morgana foi quem mais mencionou ações do professor *ideal* (29) comparadas com o *real* (11). As referências ao aluno *real* e *ideal* tiveram o mesmo número (10). Essa participante foi também quem mais referências fez a outros atores, além de professor e aluno, tendo tido uma expressiva diferença em relação aos demais. Enquanto Raquel não fez referência alguma, Hagar fez apenas duas e Helga seis, Morgana fez referência a 21 outros agentes, incluindo pais, família, Estado e escola. Já fizemos algumas observações a esse respeito quando descrevemos a sua concepção de ensino–aprendizagem.

As ações do professor *ideal* para Morgana, predominantemente, orientavam-se para o aluno. Uma pequena parte referiu-se a ações orientadas para si mesmo. Entre as *ações do professor ideal orientadas para o aluno* figuravam as relativas:

1) ao interesse do aluno, como estimular a sua curiosidade. Assim sendo, haveria ações do aluno decorrentes das do professor: "Do meu ponto de vista, o papel do professor é estimular [...] a curiosidade do aluno..."

2) à formação, no aluno, de atitudes em relação ao objeto de conhecimento. A vontade de relacionar o que sabe com o que é exposto na sala de aula seria estimulada pelo professor, que a "induziria" ao mostrar a aplicação do que é ensinado, tanto no âmbito geral como no específico. A vontade de aprender teria a mesma gênese: a ação do professor de relacionar o

conhecimento da escola com a vida prática do aluno, como mostra o trecho a seguir:

> Do meu ponto de vista, o papel do professor é estimular, um: estimular a curiosidade do aluno, a vontade dele de saber algo mais, em primeiro lugar. Em segundo lugar, ele relacionar as coisas que ele sabe, que ele traz com ele, com as coisas que você tá mostrando a mais. E num terceiro momento, ver a aplicação daquilo tudo no dia-a-dia dele. Então, nas minhas aulas até um relatório de atividades do laboratório, a importância de fazer um relatório, e onde é que se usa no dia-a-dia o relatório, se a pessoa tá trabalhando, a importância daquele relatório num laboratório numa universidade, enfim, a aplicação de tudo isso, no próprio experimento...

Isso tornaria o aluno um modificador potencial das condições econômico-sociais do seu contexto de vida (*fazer com que esse aluno seja um elemento de modificação de alguma coisa*: "A expectativa dos meus pais ao colocar a gente na escola era que nós teríamos [...] uma condição melhor de vida, condições de modificar alguma coisa..."). O aluno, portanto, não seria capaz de, sozinho, relacionar o conteúdo da escola com seu cotidiano, precisando da ajuda do professor. O conhecimento veiculado pela escola seria, então, diferente daquele que o aluno adquiriria por outros meios. Ao professor caberia, também, mostrar ao aluno utilizações alternativas desse conhecimento.

Isso chamaria a atenção para o que fosse aplicável a outras situações na vida. Ou seja, haveria, na atividade de ensino–aprendizagem, aspectos que contribuiriam para o desenvolvimento de habilidades úteis para as ações cotidianas:

> ...ver a aplicação daquilo tudo no dia-a-dia dele. Então, nas minhas aulas até um relatório de atividades do laboratório, a importância de fazer um relatório, e onde é que se usa no dia-a-dia o relatório, se a pessoa tá trabalhando, a importância daquele relatório num laboratório numa universidade, enfim, a aplicação de tudo isso no próprio experimento...

3) às condições para o aluno aprender. Sistematizar, para o aluno, um método de aprendizado, tornar o estudo um lazer, algo interessante, elaborando atividades recreativas para transmitir conteúdos desenvolveriam a autonomia dos alunos e a incorporação do estudo como um lazer. Assim sendo, o estudo não seria algo interessante *a priori*; uma forma de conseguir torná-lo interessante seria utilizando técnicas não convencionais de ensino:

> ...ter algo de criativo dentro dele e ele tem que induzir o aluno a ter vontade de aprender e sistematizar também na cabeça do aluno um método pra isso...

> ...montamos um sistema, um esquema de estudo aqui onde o estudo ocupava um lugar de la-

> zer, de uma coisa gostosa pra eles [...] eu criei um mecanismo de tornar o estudo [...] uma coisa interessante...

Mudar a estratégia de ensino, quando em dificuldades, seria uma forma de se ligar afetivamente à matéria e superar dificuldades. Na presença de problemas, o professor pesquisaria, procuraria entender os bloqueios ao desenvolvimento do aluno na sua disciplina e quais seriam as formas de contorná-los, abordando o assunto de forma diferente:

> ...entender quais os bloqueios, o que acontecia pra que o aluno não conseguisse se desenvolver... eu imagino que a gente tem que ver quais os problemas [...] e como trabalhar [...] de uma maneira diferente...

Logo, a resolução dos problemas de ensino–aprendizagem requer a pesquisa de suas causas e o uso de abordagens diferentes para o mesmo conteúdo, todas funções do professor. Ao informar o aluno sobre os objetivos que não teria atingido, o professor fá-lo-ia sentir-se mais seguro. Assim, do ponto de vista de Morgana, o aluno deve ser informado sobre o seu andamento, como uma forma de proporcionar-lhe segurança a respeito tanto do que sabe quanto do que não sabe:

> ...sistema de avaliação que faça com que a gente consiga melhorar a condição daquele aluno em termos do conhecimento pra que ele se sinta mais seguro em caminhar pra frente, que ele saiba exatamente quais os objetivos que ele não atingiu...

Seria também função do professor abordar o conteúdo de forma a fazer o aluno entendê-lo e usar a metodologia adequada para promover o seu desenvolvimento. Ou seja, a evolução do aluno requer a compreensão do objeto do conhecimento, e isso seria da responsabilidade do professor.

A ação do professor pode proporcionar o aprimoramento do raciocínio do aluno, adequando-o ao conhecimento veiculado e promovendo, assim, o seu entendimento e o desenvolvimento do aluno. Portanto, existiriam formas específicas de raciocinar de acordo com o tipo de conhecimento, e seria função do professor ensinar a maneira certa de pensar para cada fim específico:

> ...não resta dúvida de que, à medida que ele tem um conhecimento, um conhecimento puro, naquela disciplina [...] permite a ele ministrar melhor a aula, e mesmo transmitir um conhecimento mais sólido, melhor e de melhor qualidade, enfim, mas o pré-requisito é a maneira como trabalhar aquilo. Porque se ele usa essa maneira, se ele consegue fazer com que o aluno consiga raciocinar da maneira adequada para aquela disciplina, para

entender aquela parte do conhecimento, ele vai em frente...

4) à relação professor–aluno e aos objetivos e resultados do ensino. Para Morgana, o professor orienta e estimula o aluno, devendo fazê-lo entender que conhecimento é poder, por ser instrumento de argumentação e reivindicação. Nem sempre isso seria executado pelo professor, mas, se fosse feito, o aluno tornar-se-ia um agente de mudanças sociais. Logo, para a entrevistada, o reconhecimento do *status* do conhecimento pelo professor despertaria no aluno a necessidade de obtê-lo:

> ...às vezes o professor não passa para o aluno que conhecimento é poder. Através do conhecimento você adquire o poder de argumentar, o poder de reivindicar, e por quê? Porque você tem instrumentos pra isso...

5) ao envolvimento do aluno na situação de ensino. O professor com domínio da sala de aula conseguiria motivar os alunos. Esse domínio delinearia a maneira como seria administrada a aula e a participação do aluno. Ao fazer o aluno raciocinar, o professor promoveria nele a criação de referências para entender o conhecimento. Desse modo, para desenvolver, no aluno, a criação de formas para entender um assunto, seria função do professor provocar-lhe a ação:

> ...fazer o aluno raciocinar através da biologia, criar referências para que ele entenda como os seres se relacionam, como as coisas vivas interagem e tudo isso... pelo domínio do professor em sala, como é que os alunos "viajam" com ele...

As *ações do professor ideal voltadas para si* referiram-se:

1) ao conhecimento do conteúdo. Uma formação sólida resultaria em mais conhecimento para o professor e em melhores oportunidades de explorar aspectos atrativos desse conhecimento, ministrando melhor suas aulas e transmitindo um saber de melhor qualidade. A maneira de o professor lidar com o conteúdo seria pré-requisito para conseguir esses resultados. Ou seja, a formação do professor e seu domínio do conhecimento influenciariam na sua atuação, dando-lhe subsídios para explorar seus conhecimentos e sendo, também, um facilitador da tarefa de ensinar, pois quanto maior o seu conhecimento, maior a facilidade para operar com ele e mais numerosas as formas de abordá-lo, aumentando as possibilidades de sucesso;

2) às suas atividades. Para a entrevistada, em um determinado período da história da educação, o professor foi autoritário, assim como foi também liberal. Hoje, haveria um meio-termo. Morgana afirmou, assim, o caráter histórico da educação. Para ela, o professor deveria ter uma veia artística e entrar na sala de aula como se fosse "dar um *show*", pois, com isso,

conseguiria fazer maravilhas. A criação seria, então, uma das funções do professor:

> ...a gente vê hoje em dia, sem contar toda a nossa história, que teve uma fase que as tendências foram de liberar o aluno, que primeiro teve o autoritarismo que o professor ficava lá em cima de um tablado, depois teve a fase mais liberal e agora a gente atingiu um meio-termo. Mas eu acho que tem outras coisas por trás disso. A própria sociedade, os próprios pais, hoje em dia, eles não têm as condições que eu tive pra educar os meus...
> ...agora, uma coisa eu te digo, eu falei da veia artística, se o professor quer, ele tem isso, ele consegue fazer maravilhas. Eu, modéstia à parte, eu entrava assim como se fosse "dar um *show*"...

3) às atividades de ensino e seus resultados. Avaliar seu próprio desempenho seria uma ação indicativa de que, para Morgana, o professor deveria preocupar-se com o andamento do seu trabalho. Ao professor caberia, portanto, a autocrítica.

A maioria das ações do professor *real*, no relato de Morgana, estava orientada para o conhecimento; houve também referências a ações orientadas para o aluno e para si mesmo. As *ações do professor real orientadas para o conhecimento* estavam ligadas:

1) ao que é feito desse conhecimento pelo professor. Seria função do professor ensinar e fornecer conhecimento sistematizado ao aluno, formando-o, tornando-o participante, questionador e capaz de in-

terpretar o mundo. Logo, o conhecimento veiculado pela escola seria formal e as atitudes do aluno em relação ao mesmo e à vida estariam ligadas à ação do professor. Se o professor apenas falasse sobre o conteúdo, mesmo que fosse um profissional respeitado e reconhecido por todos, os alunos não se desenvolveriam, adquirindo apenas uma relação superficial com o conhecimento. Portanto, falar seria necessário, mas não suficiente para a aprendizagem. Apenas ter conhecimento não seria suficiente para conseguir-se bons resultados, atingindo o desenvolvimento do aluno:

> ...quantos professores que falam, falam. Pessoalmente são profissionais respeitadíssimos, pessoas de uma bagagem enorme, você sabe e todo mundo conhece e sabe, mas os alunos que passam pela mão deles não deslancham, não conseguem se desenvolver...

Para Morgana, seria necessário combinar conhecimento e atitude em relação à atividade de ensino, devendo o professor não simplesmente falar, mas lidar e demonstrar ao aluno como tratar com o conhecimento, de forma não convencional e atrativa;

2) às maneiras como esse conhecimento é tratado em relação ao aluno ou à atividade de ensino. Avaliar e informar ao aluno sobre seu andamento aumenta a sua segurança. Por conseguinte, uma função do professor seria fazer uso da avaliação para delinear ações com vistas à melhoria das condições do aluno que,

informado sobre seu andamento na disciplina, se sentiria seguro sobre o que sabe e o que não sabe.

As *ações do professor orientadas para o aluno* referiram-se:

1) a dirigir as ações do aluno. Liberar o aluno seria um ato que fez parte da história da educação e hoje não se aplicaria mais. A educação evoluiu, passando por mudanças que influenciaram a maneira como se configura a relação professor–aluno;

2) a operar algo no aluno. Enquanto o professor de escola pública prepararia o aluno também em termos de cidadania e participação, o professor de escola particular executaria mais atividades específicas para transmitir conhecimento. Supomos, assim, que a escola particular, ao contrário da pública, preocupa-se apenas em transmitir os conteúdos das disciplinas, não tendo, então, compromisso com a formação política do aluno, segundo Morgana:

> O [...] preparou bem em termos de conhecimento, mas não preparou em termos de cidadania e participação [...] via muito trabalho do ponto de vista do conhecimento específico de cada disciplina... Na escola pública eu até vejo mais esse lado, se trabalha mais esse lado.

As *ações do professor orientadas para si mesmo* relacionavam-se:

1) às condições de trabalho do professor. Pela sobrecarga de trabalho, o professor não teria condições de atualizar-se. Para Morgana, haveria uma desvalori-

zação do professor pela baixa remuneração, uma situação geral da sociedade em muitas profissões. A desvalorização do trabalho do professor provoca, assim, um efeito em cadeia que a confirma:

> O próprio professor sendo obrigado a trabalhar quarenta horas, e às vezes até sessenta, porque ele pode trabalhar mais vinte num colégio particular, ele também não se atualiza mais. Tem a questão do salário... Mas isso tudo volta àquele ponto de alteração de valores. Porque também esse professor não é valorizado, ele não ganha bem [...] Todo mundo está passando por uma fase assim, o médico também está reclamando disso, o gari [...], a empregada doméstica tá reclamando disso, que não é valorizada...

2) aos limites e dimensões do papel do professor. O professor deveria participar como cidadão e ter conhecimento sólido sobre a história do Brasil, o que Morgana admitiu sentir falta em relação a si mesma. O professor mistura os papéis de pai, professor e cidadão: "...o professor não consegue ser professor e cidadão, sabe, separado, ou pai separado, ele acaba misturando..."

O aluno *real* no relato de Morgana teve ações ligadas ao seu relacionamento com o conhecimento e às suas próprias atitudes. As *ações referentes ao relacionamento do aluno com o conhecimento* apresentaram-se quanto:

1) à localização do interesse do aluno. Morgana afirmou que o aluno teria contato com e se interessaria por formas mais atrativas de adquirir conheci-

mentos fora da escola. Essa questão foi tida por ela como um fator agravante da falta de interesse do aluno na escola, por não ter essas condições de oferecer aquilo a que ele tem acesso por outras vias. Logo, adquirir os conhecimentos veiculados pela escola fora dela seria mais atraente para o aluno. À escola caberia organizar melhor as suas atividades e modificar a sua estrutura em termos materiais para conseguir ser interessante:

> ...o aluno tem contato fora da escola com coisas que são muito mais atrativas, que estão muito mais bem estruturadas [...] vai na banca de jornal e tem um monte de coisas pra ele ver que são interessantes, a escola às vezes não tem nem um mapa decente, no caso da biologia, um mapa do corpo humano ou peças que ele possa manusear ou até condições de locomover esse aluno pra outro lugar...

2) a como o aluno opera o conhecimento. O aluno tende a reproduzir o que capta, inclusive os gestos e o comportamento, que seriam o que capta melhor, tendo, no professor, um exemplo:

> ...nós estamos passando por uma fase de repensar os nossos valores e o jovem, a criança, ela capta isso e reproduz isso na vida dela porque, no início, o exemplo, a linguagem que vem do exemplo, da linguagem falada, os gestos, o comportamento, é aquilo que ela capta melhor...

Com o estímulo certo, o aluno aprenderia a fazer o que quisesse e ficaria satisfeito de saber que tem essa capacidade. A possibilidade de sucesso seria, assim, um fator de satisfação para o aluno.

As *ações do aluno referentes às suas próprias atitudes* relacionavam-se:

1) ao professor. Por reconhecer autoridade apenas no pai e na mãe, o aluno não visualizaria o significado da escola, negando-se a aceitar a tutela de quaisquer outros a não ser os pais. A primeira autoridade reconhecida por ele seria, portanto, a dos pais. O reconhecimento da autoridade do professor estaria ligado à especificidade do seu papel como portador e transmissor de um conhecimento que mudaria a compreensão que o aluno teria do mundo. A partir disso, ele iria respeitar outras pessoas. Na avaliação de Morgana, a escola não estaria conseguindo esse resultado. A autoridade do professor só seria reconhecida em um segundo momento da vida do aluno. O respeito e o reconhecimento de autoridade em terceiros seriam, então, resultado da educação escolar:

> M - E o aluno, ele não vê significado na escola, ele não quer que ninguém tome conta dele. Quem ele quer que tome conta dele é o pai e a mãe dele, quem tem esse direito de brigar, dizer o que ele deve ou não fazer, com quem ele deve ou não andar, é o pai e a mãe. Qualquer criança só reconhece autoridade no pai e na mãe...
> E - Esse tipo de autoridade, né?
> M - Ele reconhece depois a autoridade do professor, etc. como alguém que vai acrescentar alguma coisa, que vai modificar, que vai fazer ele compreender o mundo de uma maneira diferente, aí

sim, ele vai respeitar o vizinho, ele vai respeitar o pai dos outros, ele vai respeitar outras pessoas. Então eu acho que a coisa funciona assim...

2) ao conhecimento. A ação de decorar seria seguida do esquecimento. Logo, ao memorizar, o aluno não entenderia o conteúdo, valendo-se, assim, de ações mecânicas. Para ser de outro modo, seria necessária outra ação: questionar a utilidade do conteúdo ensinado, mobilizando o professor a mostrar-lhe as possíveis utilizações deste:

> ...ele vai decorar aquilo, daqui a pouco ele vai esquecer, não vai ver objetivo nenhum e isso se perde... já aconteceu de um aluno dizer: "Professora, tudo bem, mas depois se eu não for fazer biologia, pra que que eu vou usar isso?" Olha, tem uma professora de português aqui na escola que o marido dela está dando curso de como fazer um relatório para detetives da polícia. Porque eles fazem um relatório tão mal feito, tão pouco preciso, que o advogado [de defesa] tem usado o relatório da própria polícia pra inocentar o réu...

As ações do aluno *ideal* disseram respeito à sua relação com o conhecimento e às suas próprias atitudes. As *ações relativas à relação do aluno ideal com o conhecimento* estavam todas ligadas ao conhecimento dos papéis de professor e de aluno.

Morgana afirmou que o papel do aluno seria entender e saber qual o seu papel, o da escola e o do professor, bem como a sua relação com o professor:

> O papel do aluno é, em primeiro lugar, entender o papel da escola e do professor.[...] qual é o verdadeiro papel dele dentro da escola e a relação dele com o professor...

Concluímos, então, que o exercício da função de aluno requer o conhecimento dos vários papéis relativos à escola e à atividade de ensino. O entendimento que o aluno teria do seu papel, do papel do professor, bem como o da escola, seria o que o distinguiria dos demais. O papel de aluno perpassaria, assim, o entendimento de seu próprio papel. Para Morgana, o aluno desconhece quais são esses papéis, dada a confusão existente hoje na escola e na sociedade.

As *ações do aluno ideal relacionadas às suas atitudes* foram relativas:

1) às condições de ensino. Seria função do aluno aproveitar ao máximo a situação de ensino, que deveria ser agradável e importante para ele. Entretanto, hoje, a situação de ensino não estaria sendo agradável, nem importante, devido às mudanças que vêm ocorrendo nos valores. As pessoas, disse Morgana, não estariam se importando umas com as outras e desvalorizando reciprocamente os seus trabalhos, desconhecendo a importância de cada um no todo. Deduzimos que a dificuldade do aluno, no exercício das

suas funções, está nas configurações circunstanciais ao ensino, entendidas como a estrutura geral da sociedade que se encontra em mutação. O ambiente em torno da situação de ensino influenciaria, assim, a maneira como seus participantes se comportam:

> ...o aluno não assume seu papel, e o papel dele seria aproveitar ao máximo aquela situação, aquele momento, porque aquele momento deveria ser agradável e importante pra ele. Não é agradável porque tá todo mundo desgastado, aborrecido, chateado [...] e não é importante porque os valores estão mudados, as pessoas não estão se importando umas com as outras, não estão valorizando o trabalho umas das outras, não estão entendendo a importância de cada um no todo. É uma fase que a gente tá vivendo...

2) aos objetivos do aluno. O aluno também se esforçaria para conseguir um feito, investindo em treinamento e obtendo sucesso. A criação, pelo aluno, de suas próprias referências, por meio da ação do professor, proporciona-lhe o entendimento do conteúdo. Portanto, criar referências sobre o conteúdo ensinado seria uma ação do aluno que estaria circunscrita à do professor. Para reter o que aprendeu, o aluno necessitaria ver objetivo nesse aprendizado. Então, se apoiado no significado do que aprende, o aluno consegue memorizar;

3) ao conhecimento. Morgana avaliou que o aluno só teria o aproveitamento máximo da situação de ensino no momento em que a escola tivesse um real valor para ele. Dessa forma, aproveitar o que fosse veiculado na situação pedagógica seria função e dever do aluno. Ao aluno seria também possível encontrar uma forma de ter acesso ao que lhe interessa, sendo, assim, responsável pela sua formação, à medida que buscasse meios para ela acontecer:

> ...o papel do aluno é aproveitar ao máximo aquele momento, mas ele só vai aproveitar aquele momento no instante em que a escola tem um real valor pra ele...

O exposto no relato de Morgana guarda muitas semelhanças com o dos outros entrevistados. Notadamente, as questões ligadas aos papéis sociais de professor e de aluno, aos seus limites impostos pela realidade de ensino, à relação de dependência do aluno em relação ao professor, sua passividade e atividade e à reciprocidade dos papéis de ambos.

Algumas peculiaridades, porém, chamaram-nos a atenção. Supomos haver, por exemplo, alguma relação entre as referências que fez a outros atores do processo ensino–aprendizagem e a atribuição de causalidade do fracasso escolar. Morgana indicou a participação de outros agentes naquele processo, ampliando o campo de ação da educação para além dos limites da escola, envolvendo a família e o Estado, cada um com uma participação específica, de acordo com seus limites, e complementar às dos outros. Esse apontamento não foi encontrado no relato de qualquer dos outros entrevistados. Nas análises de Morgana, parece haver muita influência da sua experiência com os filhos. Ela chegou a executar com eles atividades que fazia com seus alunos e afirmou que o professor, às vezes, confundia os papéis de professor, pai e cidadão:

> Então eu acho que aí é o ponto de partida e o professor não consegue ser professor e cidadão, sabe, separado, ou pai separado, ele acaba misturando. Eu custei pra entender isso, pra visualizar isso, eu só percebi melhor isso, que a gente reproduz na escola a estrutura familiar agora, quando eu assumi esse papel de coordenadora. Ainda mais na Fundação Educacional, onde ninguém é chefe de ninguém, você vê ali uma relação familiar. O professor que não quer trabalhar, como ele se comporta, aquele que é arrogante, aquele que é autoritário em relação à ordem das coisas. E como isso tá muito confuso na sociedade, o aluno não sabe o papel dele na escola...

Para ela, a escola, a família e o Estado teriam uma participação importante, decisiva e fundamental na formação do aluno, formação esta da responsabilidade de toda a comunidade social, seja no sucesso ou no fracasso. Ou seja, para Morgana, os papéis sociais não seriam exercidos de maneira isolada uns dos outros. Haveria pontos de interseção afigurados como confusão, como infidelidade ao papel focal.

Essa característica do relato de Morgana pode ser relacionada à questão do desenvolvimento da autonomia do aluno. Para Morgana, a construção da autonomia do aluno é função do professor, da família e do Estado. Assim sendo, o professor promove-a em termos de conhecimento, elaborando maneiras de tornar os estudos um lazer, mostrando ao aluno a utilização do que é aprendido na escola, proporcionando-lhe segurança sobre seu saber e aprimorando o seu raciocínio. A família age em termos de relações sociais, na medida em que representaria o primeiro núcleo de relações de confiança e autoridade. E o Estado, em termos políticos, na medida em que proporcionaria condições para a educação. Todos esses agentes estariam ligados entre si, suas ações mutuamente orientadas, já que o objetivo seria o mesmo: promover o desenvolvimento e a inserção de mais um membro na comunidade. A sociedade formaria, assim, uma rede em que seus membros engendrariam formas de promover o desenvolvimento uns dos outros. Nesse sentido, talvez não se devesse falar em confusão, mas em conjugação de papéis, na medida em que, imersos nessa rede, os limites de cada papel social seriam difusos ou até mesmo inatingíveis.

Assim como outros entrevistados, Morgana apresentou as ações do professor ideal predominantemente voltadas para o aluno, dando a entender que, também para ela, deveria existir uma reciprocidade de ações entre aqueles sujeitos. Esse tópico contrapõe-se ao que aparece no seu discurso acerca do professor real, cujas ações, na maioria das vezes, apareceram orientadas para o objeto de conhecimento. Nesse ponto, notamos semelhança com o relato de Raquel e também com suas próprias referências às condições de trabalho do professor geradoras da sua passividade em relação ao ensino. Morgana explicitou claramente essa questão, ao falar a respeito do que definiria as regras da escola: "A coisa primeira que vai determinar todo o funcionamento da escola é a 'política educacional', não é assim?". Em outras palavras, todo o planejamento das atividades do professor seria determinado por uma política sem a sua participação, estabelecendo-se, assim, a heteronomia do professor em relação às decisões referentes ao planejamento de seu trabalho, desde a elaboração de seus objetivos e conteúdos até a configuração das suas condições. Podemos fazer em relação à Morgana os mesmos comentários que fizemos sobre Raquel a respeito do que a heteronomia significaria para o professor e para o aluno.

Assim como Hagar, Morgana apresenta algumas contradições ao tratar da questão da passividade/atividade do aluno. Ao falar diretamente dele, mostrou-o ativo, referindo-se ao interesse que tem por meios de obtenção de conhecimentos externos à escola. Ao falar do professor e, portanto, referir-se indiretamente ao aluno, mostrou-o passivo, ao admitir que o professor lhe transmitiria conhecimentos. Essa contradição, entretanto, não chega a negar totalmente a perspectiva de atividade do aluno, se levarmos em conta que o que estaria subjacente à busca de meios externos para adquirir conhecimentos seria justamente a noção de que o aluno participa da construção do ambiente social de seu desenvolvimento. Tanto no relato de Hagar quanto no de Raquel e de Morgana, essa questão foi exposta, e na fala das duas últimas isso se revela no manifesto desinteresse do aluno pelas atividades da escola. Morgana, entretanto, deixou claro o porquê do desinteresse: a escola não estaria sendo importante para o aluno; ele não se sentiria atraído pelo que veicula, mas pelo que vê fora dela, tendo assim acesso ao conhecimento a partir de outros meios.

A questão do desinteresse do aluno na escola, em contrapartida ao seu interesse por outras formas de adquirir conhecimento, poderia ser considerada uma contribuição importante para discutir o fracasso escolar. Nossos participantes apontaram o que pode vir a ser uma linha de pesquisa em torno da questão, substituindo-se a busca de causas pela busca de soluções. Fica claro que o aluno, fora da escola, encontra meios de promover o seu desenvolvimento, o que estaria sendo apenas precariamente cumprido pela escola, se estiver. O foco das pesquisas relativas ao fracasso escolar deveria, então, incidir sobre a forma de a escola voltar a ser interessante para o aluno, tornando-se um ambiente propício ao seu desenvolvimento. A solução para o fracasso da escola estaria, então, nesse sentido, fora da mesma.

O quadro 3, a seguir, mostra, de forma sintética, as concepções dos participantes acerca das ações de professor e aluno, permitindo uma visualização geral das mesmas.

QUADRO 3
Semelhanças nas concepções dos entrevistados sobre as ações de professor e aluno

AÇÕES DO PROFESSOR	HELGA	HAGAR	RAQUEL	MORGANA
Passar, transmitir matéria/conteúdo/ conhecimento	X	X	X	X
Conscientizar o aluno	X	X		
Ministrar aulas	X	X	X	
Despertar o interesse/curiosi-dade do aluno	X	X	X	X
Adaptar conteúdos ao interesse do aluno	X	X	X	X
Estudar técnicas/atualizar-se/investir na sua formação	X	X	X	X
Formar o aluno			X	X
Ensinar	X	X	X	X
Sobrecarregar-se de trabalho	X		X	X
Dominar o conhecimento	X	X	X	X
Elaborar atividades que sejam mais interessantes para o aluno	X		X	X

AÇÕES DO PROFESSOR	HELGA	HAGAR	RAQUEL	MORGANA
Aproveitar o interesse do aluno	X	X	X	X
Conversar com o aluno	X	X	X	
Avaliar/medir conhecimento do aluno	X	X		X
Abranger conhecimento do aluno. Relacionar conhecimento com a vida prática do aluno	X	X	X	X
Aprender	X	X	X	
Exercer poder/ter domínio		X	X	X
Explicar o conteúdo do livro	X	X		
Orientar			X	X
Ser autoritário			X	X
Ter veia artística/ser ator			X	X
Adequar ensino às características do aluno/mudar estratégias	X	X	X	X
Estudar os problemas de ensino para buscar soluções	X	X		X
Avaliar-se/refletir diante do mau resultado/refletir sobre suas ações	X	X	X	X
Dar atenção aos alunos	X		X	
Estimular a atuação do aluno	X	X	X	X

Abolindo mocinhos e bandidos

AÇÕES DO ALUNO	HELGA	HAGAR	RAQUEL	MORGANA
Aprender	X	X		
Tomar parte do ensino		X	X	
Ter um objetivo		X	X	
Pesquisar	X	X		
Ter dúvidas	X	X		
Expor dúvidas/perguntar/questionar/duvidar	X	X		X
Relacionar/interligar conhecimentos	X	X		
Aprimorar definições próprias	X	X		
Ver o professor de uma forma peculiar (aquele que sabe tudo, aquele que ensina, como um ator de TV)	X	X	X	
Ter interesse pelo conhecimento fora da escola		X	X	X
Fazer experimentos	X		X	

Conclusão

Com base nos resultados que obtivemos, não podemos afirmar que os professores participantes de nossa pesquisa dissociam o ensinar do aprender. Suas concepções sofrem fortemente a influência de fatores externos ao ensino, como as normas, os programas e as exigências de instâncias alheias à sala de aula. O ensino visto como transmissão de conhecimentos, a localização dos problemas escolares no aluno – concebido como pronto para receber informações – são visões subjacentes à estruturação e normatização do processo ensino–aprendizagem. Diante disso, o professor não tem um papel ativo, porque, de fato, não participa da elaboração das normas e exigências que deve seguir, não se vendo, portanto, como um agente estruturante e organizador da escola. A falta de reflexão teórica sobre suas ações na situação pedagógica, de questionamentos, de responsabilidade e de envolvimento decorre, em muitos sentidos, dos entraves institucionais, que, freqüentemente, acabam influenciando também a maneira de portar-se em sala de aula, refletindo-se na reação do aluno ao conhecimento e no modo de significá-lo.

Essa reação apresenta-se claramente no desinteresse do aluno pelo ensino escolar. Conforme dissemos, dados da literatura (Moraes, 1989) indicam que os alunos percebem e apontam as falhas do sistema: a simplificação excessiva dos conteúdos, a negligência da prática e o tipo de vínculo estabelecido com o professor. Esses três fatores, pelo que constatamos, engendram desinteresse e, portanto, maus resultados no ensino. A simplificação parece ser necessária, como mostraram nossos resultados, mas, para os alunos, não poderia ser excessiva. A prática também seria facilitadora da aprendizagem tanto para os alunos quanto para os professores, como mostra a literatura (Moraes, 1989), segundo nossos resultados. A proximidade e o vínculo professor–aluno também seriam facilitadores do processo ensino–aprendizagem.

Esses fatores formam uma cadeia. O interesse do aluno pelo conhecimento veiculado fora da escola ilustra essa questão, sendo, simultaneamente, determinante e resultante do fracasso do ensino. Ao mesmo tempo que estimula a aquisição de conhecimentos na escola, faz o aluno desinteressar-se pelo que nela é veiculado, pois este não aceita o tipo de conhecimento que estão tentando lhe proporcionar.

As falhas do sistema, apontadas por alunos e professores, parecem convergir para uma mesma origem: a falta de autonomia do professor na determinação de como deve ser a situação pedagógica. Essa condição acarreta, por exemplo, a impossibilidade de o professor atender aos interesses do aluno dentro da escola. Proporciona, assim, a permanência do aluno (quando o professor tenta atender a seus interesses, mesmo que de maneira improvisada) ou o seu afastamento (ao encontrar-se em uma situação em que não pode promover o seu desenvolvimento) e, ainda, a sua passividade ou a sua atividade em relação ao conhecimento (na escola ele *recebe* os conhecimentos; fora dela, busca-os e opera com eles).

A instituição e seu aparato burocrático impõem, portanto, um modelo de ensino que não privilegia os atores do processo. A quantidade de alunos por escola/professor, que dificulta ou impede a formação de determinados tipos de vínculos e estabelece as condições estressantes da situação de sala de aula, e a quantidade de conteúdo por disciplina que, por ser muito grande, força o excesso de simplificação e a pobreza de atividades práticas, cuja execução é dificultada, parecem ser pontos focais por onde a política educacional atua, gerando problemas, sim, mas, principalmente, garantindo a manutenção do sistema que a rege.

O professor, vendo-se submetido a um sistema que determina, de maneira autoritária, o que deve fazer, não tem como ser democrático. A regra maior que deve seguir é a de determinar e ditar o que deve ser feito pelo aluno. A impossibilidade de participar assim da construção de sua própria história cria nele o estresse e o desinteresse, que, por sua vez, se refletirão no desinteresse do aluno. Aprende-se o que se ensina. Não há, portanto, dissociação.

A televisão, por exemplo, tem sido mais eficiente que a escola. Muitas vezes, ela é responsável pelo que o aluno aprende e leva para a sala de aula e, ao mesmo tempo, pela posição passiva que assume diante da situação de ensino. A televisão tem, deste modo, um papel na formação do interesse do aluno. Fornece a ele, de maneira não convencional, conhecimentos que a escola não consegue tornar interessantes. Mas, por não ser um meio interativo de adquirir conhecimentos, exigindo do telespectador uma atitude passiva, e por fornecer conhecimentos também veiculados na escola, contribui para formar a atitude de passividade diante desta e do professor. Não há, assim, a promoção do desenvolvimento de determinadas funções necessárias ao pleno exercício da cidadania. Age, então, como colaboradora do fracasso da escola e, portanto, do sucesso do sistema social.

Outro fator ligado à organização imposta pela instituição escolar que interfere nos resultados do ensino diz respeito à forma rígida como são estabelecidos os papéis sociais de seus agentes. Essa rigidez é determinada pelo caráter burocrático da instituição que, por dificultar as reformulações das ações do professor, dificulta também a reformulação das ações do aluno. Assumimos, assim, que as ações do professor exercem influência sobre o aluno, existindo um vínculo de dependência deste em relação àquele. Essa dependência pode perpetuar-se ou romper-se, na medida em que se promova ou não a autonomia do aluno em relação ao conhecimento. Entretanto, a configuração do sistema de ensino torna perene a dependência, subtraindo do professor a oportunidade de mostrar-se autônomo. Ele manifesta apenas a sua submissão, que é aprendida pelo aluno. Novamente, aprende-se o que se ensina.

Se admitirmos que o significado dos papéis de professor e aluno está ligado à relação que existe entre ambos e levarmos em conta que a rigidez da escola forja uma relação dissociada, esse encadeamento poderia culminar com a conclusão de que haveria dissociação entre o ensinar e o aprender. Vamos considerar que, quando o professor não leva em conta o interesse que o aluno demonstra, estaria dissociando os papéis, à medida que não se mostra recíproco à ação do aluno. Mas qual seria a gênese dessa dissociação? Ela existiria de fato? A origem estaria na forma como seus participantes se vêem na situação, visão esta, entretanto, ligada às condições concretas de sua história. Logo, a concepção dissociada do ensinar e do aprender teria sua origem na própria instituição escolar, à qual interessaria imputar ao professor ou ao aluno as causas do próprio fracasso e ocultar suas contradições. Professor e aluno seriam o elo final de uma cadeia que começa nos altos escalões da estrutura de poder. Elo final, não privilegiado e culpado. Seriam os bandidos que atrairiam para si os olhos acusadores de todos, desviando-os do problema real que se liga à necessidade de manutenção da estrutura social. Assim, as "contradições" comumente imputadas ao professor, manifestas em dicotomias – tais como teoria e prática, dizer e fazer, ensinar e aprender, e outras tantas –, são problemas aparentes, ficção, engendrados pelo interesse do ocultamento.

Notamos, algumas vezes, uma tendência a discutir-se os conceitos de passividade/atividade, levando-se em conta ou o conteúdo da ação (por exemplo, o aluno *ouve*, e ouvir é tido como passivo) ou a direção da ação (por exemplo, o professor solicita ao aluno que faça algo, o aluno faz; nesse caso, haveria passividade, dada a direção da ação). Essa tendência, a nosso ver, é equivocada, pois o que se deveria considerar seriam a participação da pessoa na construção do seu ambiente social de desenvolvimento e os resultados das ações quanto ao desenvolvimento da autonomia.

No caso da relação pedagógica, essa autonomia seria relativa ao conhecimento. Assim, alcançada, cessaria a dependência; mantida esta, seria caracterizado o insucesso da relação. Nesse sentido, a discussão sobre fracasso escolar deveria ser remetida não apenas à aprendizagem do aluno, mas ao tipo de relação que desenvolve com o conhecimento. Lembramos o que já dissemos a respeito do interesse do aluno e de sua busca por conhecimentos externos à escola. Na fala dos entrevistados, os meios externos à escola foram apontados como eficientes para promover a autonomia do aluno. Logo, o fracasso da escola parece, de fato, estar ligado à falta de autonomia que esta impõe aos agentes que participam do processo ensino–aprendizagem.

Conforme já dissemos, o vínculo professor–aluno é um dos pontos por onde o sistema escolar atua, promovendo o fracasso do ensino. Entretanto, esse parece-nos ser o seu ponto mais frágil, aquele sobre o qual teria mais dificuldade de exercer controle. O vínculo professor–aluno constitui a parte subjetiva do processo ensino–aprendizagem, na porção em que se elaboram novos sentidos e novos significados. Já assinalamos que um dos fatores que parecem manter o aluno na escola seria o esforço do professor em aproveitar o seu interesse, tentando abranger o conteúdo por ele trazido. Dizemos esforço dadas as condições desfavoráveis para tanto, mas é exatamente por ser esforço que ele se afigura ao aluno como a manifestação mais clara do interesse do professor. Trata-se de um interesse pessoalmente dirigido ao aluno, no sentido de mantê-lo na escola, e é por isso que ele lhe atribui um vínculo afetivo.

A nosso ver, é esse o ponto ao qual professores devem dirigir toda a sua atenção e luta. Programas, conteúdos, salários são temas muito importantes para a discussão, mas não podem obnubilar o tema que é maior, uma vez que nos parece ser o meio de burlar o sistema, no sentido de contrariar as suas expectativas e construir uma nova história, promovendo o sucesso dos alunos e dos professores. É preciso transformar o vínculo do desinteresse, vínculo com o sistema educacional; torná-lo vínculo do interesse, da cumplicidade com o aluno na busca de meios para promover o desenvolvimento de ambos.

A oscilação dos conceitos dos entrevistados entre *real* e *ideal*, entre o que acontece e o que deveria acontecer, na ação de cada membro da situação de ensino, e a presença de contradições em suas visões sobre o processo ensinar–aprender são, para nós, demonstrativos da transitoriedade de suas concepções, estando elas, portanto, em desenvolvimento contínuo. Eles se mostraram, assim, sujeitos vivos e, porque vivos, cheios de contradições que os impulsionam ao desenvolvimento. O que detectamos, vale ressaltar, foram contradições, não dicotomias. Seria importante que os pesquisadores abandonassem o prisma empirista/racionalista com que vêem o professor, atribuindo-lhe, *a priori*, visões dicotômicas e ao imaginá-lo um sujeito pronto quando entra em sala de aula.

A possibilidade de apreender as concepções dos professores *em movimento* decorreu, a nosso ver, exatamente da metodologia que empregamos, a análise do relato verbal, tal como a efetuamos. Ao ser examinada nesse trabalho, preocupamo-nos em demonstrar como ela se aplica aos objetivos e interesses de quem se ocupa com o estudo dos fenômenos psicológicos. Em nossa discussão teórica a esse respeito, procuramos mostrar que a análise do relato verbal pode basear-se em pressupostos outros que não os introspeccionistas, buscando no materialismo histórico novas bases para efetuá-la.

Nossos resultados reafirmam o que foi descrito quando discutimos a questão do relato verbal. O discurso do professor é uma ação do mesmo e não se dissocia de sua ação em sala de aula. O sujeito falante e o sujeito agente são o mesmo. As pessoas não deixam de ser o que são quando falam de si. É possível estudar o pensamento das pessoas por meio de seus relatos verbais, e, nas condições reais de vida, esse pensamento não se separa, dicotomicamente, de suas ações. Algumas teorias psicológicas costumam estabelecer essa dicotomia, moldando, assim, uma realidade.

Os participantes desta pesquisa desnudaram-se à nossa frente, mostrando suas contradições, seus erros, seus medos, suas expectativas e, acima de tudo, as nuances de seu pensamento. A oportunidade de refletir sobre as próprias ações, referidas nos relatos, com o apoio das nossas análises, revelou-os sujeitos envolvidos com a sua reflexão, capazes de discernir o que, de fato, espelhava a sua fala, de discordar, de criticar as interpretações da pesquisadora. Enfim, eram sujeitos vivos, ativos, pensantes. Sua atividade mostrou-se de forma bastante explícita nas nossas análises posteriores, indicando que não havia como dissociar sua fala do seu pensar e do seu agir. A análise a que procedemos fez surgir o que escaparia até aos olhos de um observador atento. Veja-se o nosso Hagar: o quanto, para ele, era difícil lidar com dois papéis ao mesmo tempo. O caso de Raquel, demonstrando o próprio desinteresse, ao apontar o desinteresse do aluno nas aulas teóricas, diferentemente do que ocorria com ambos nas aulas práticas. E Morgana, que demonstrou vivamente a confusão de papéis que vivia como professora, mãe e cidadã. Veja-se, ainda, a posição nitidamente de aluna apresentada por Helga.

Trabalhamos como um investigador ao procurar desvendar um crime. Nosso objetivo não era verificar se o que diziam os entrevistados era verdadeiro ou falso. Nós queríamos descobrir qual crime aconteceu e os motivos de sua prática.

Procuramos, no relato das pessoas e apoiadas no seu significado, estudar fenômenos psicológicos que aconteciam em nossa frente. Esse estudo torna-se possível se considerarmos que certos comportamentos somente podem ser inferidos, mas não deixam, por isso, de ser objetivos. O ser humano construiu toda uma cultura, a ciência, a arte e a tecnologia graças à fala. Por meio dela comunica-se e entende-se com seus iguais. Seria a fala um instrumento tão significativo para o ser humano, algo que não possa ser útil, de alguma forma, para a psicologia? Se as pessoas entendem-se, comunicam-se e convivem por meio da fala, é sinal de que, por seu intermédio, se pode ter acesso ao que não é visível, à consciência humana.

Fosse de outro modo, as pessoas não teriam como aceitar-se mutuamente, dada a impossibilidade de conhecer o outro. Por que a psicologia não poderia utilizar-se da fala para obter dados sobre os fenômenos pelos quais se interessa? A fala não é parte do comportamento humano? E por que não a considerar um meio e um tema de estudo em psicologia? O que se expressa pela fala não são puramente fenômenos lingüísticos, são, também, e essencialmente, psicológicos.

Na análise que utilizamos, levamos em conta que ambos os envolvidos estavam procurando formas de entenderem-se mutuamente e a si mesmos, simultaneamente. Tanto o pesquisador quanto o participante empenhavam-se em tornar claro para si o que era foco do diálogo, sendo, assim, parceiros. O professor age como tal quando fala de sua ação, o que ficou claro nos nossos resultados. A fala dos participantes espelhou o que viviam, e a forma como viviam mostrou-se diante de nós. A palavra, considerada um elemento da fala, por constituir-se de sentido e significado, portanto, uma unidade subjetivo-objetiva, permite-nos acessar o sentido que as pessoas imprimem ao que estão falando. Foi por isso que os relatos dos nossos participantes puderam nos informar acerca do seu pensamento. E é justamente por ser também objetiva que a palavra é útil para a psicologia. São as pistas que o investigador pode seguir para chegar à solução do crime.

Vemos os nossos professores como Pedro, do conto russo *Pedro e o Lobo*, uma história contada com instrumentos musicais. Pedro sai com uma espingarda de rolha para caçar um lobo feroz, sem saber quão grande é esse lobo. A inocência de Pedro é sua maior arma. Suas companhias são três amigos: o passarinho Sacha, a pata Sônia e o gato Yvan. Pedro, com a ajuda dos amigos, consegue prender o lobo e termina com suas maldades. Assim como Pedro, nossos professores têm uma arma: o vínculo afetivo que podem estabelecer com seus alunos. Entretanto, diferentemente de Pedro, os nossos professores ainda não conseguiram sair para caçar o lobo. Ainda não perceberam que sua aparente fraqueza é justamente sua força. Fazer do vínculo uma arma para manter o aluno na escola e acabar com o fracasso, desafiando a estrutura de poder que o alimenta e o mantém, é liquidar com o lobo.

Referências bibliográficas

ALMEIDA, S. F. C.; CABRAL, V. S.; RABELO, L. M.; MOURA, E. R. de O. e BARBOSA, H. (1994). Dificuldades de aprendizagem: o que pensam e o que fazem os psicólogos escolares do DF. Relatório Técnico de Pesquisa. CNPq.

BAKHTIN, M. M. (1992). *Marxismo e filosofia da linguagem*. São Paulo: Hucitec (originalmente publicado em 1929).

BALDWIN, M. W. (1992). "Relational schemas and the processing of social information", *Psychological Bulletin*, n° 112, pp. 461-484.

BECKER, F. (1995). *A epistemologia do professor: o cotidiano da escola*. 3ª ed. Petrópolis: Vozes.

BOHOSLAVSKY, R. (1993). "A psicopatologia do vínculo professor–aluno: uma revisão crítica". Em Maria Helena Souza Patto (org.), *Introdução à psicologia escolar* (pp. 320-341). São Paulo: T. A. Queiroz (originalmente publicado em 1981).

BORI, C. M.; BOTOMÉ, S. P.; DAL PIAN, M. C.; DE ROSE, J. C. C. e TUNES, E. (1978). Desempenho de professores universitários no levantamento e caracterização de problemas de ensino: descrição de um procedimento. Trabalho apresentado na

VIII Reunião Anual de Psicologia da Sociedade de Psicologia de Ribeirão Preto, Ribeirão Preto, São Paulo, outubro.

CAIRNS, R. B. (1983). "The emergence of developmental psychology". Em P. H. Mussen (org.), *Handbook of Child Psychology* (pp. 41-102). Vol. 1, 4ª ed. Nova York: John Wiley & Sons (originalmente publicado em 1946).

CARR, W. e KEMMIS, S. (1986). *Becoming critical*. East Sussex: Deakin University Press, pp. 51-152.

CARRAHER, D. W. (1991). Educação tradicional e educação moderna. Em T. N. Carraher (org.), *Aprender pensando: contribuições da psicologia cognitiva para a educação*. Petrópolis: Vozes, pp. 11-30.

CARVALHO, A. M. A. (1987). "O estudo do desenvolvimento". *Psicologia*, 13 (2), pp. 1-13.

DAL PIAN, M. C.; DE ROSE, J. C. C. e TUNES, E. (1978). Procedimento para assessorar professores de ensino superior na modificação de condições de ensino. VII Reunião Anual de Psicologia da Sociedade de Psicologia de Ribeirão Preto, SP, outubro. Livro de Resumos, 212-213.

DANTAS, H. (1990). *A infância da razão*. São Paulo: Manole.

ELBERS, E. (1992). *Internalization and the child's contribution to development*. Trabalho apresentado no First Conference for Sociocultural Research, Madri, Espanha, 15 a18 de setembro.

GILBERT, G. N. e MULKAY, M. (1980). "Contexts of scientific discourse: social accounting in experimental papers". Em Karin D. Knorr, Roger Knorr e Richard Whitley (eds.), *The Social Process of Scientific Investigation. Sociology of the Sciences*. D. Reidel Publishing Company, vol. IV, pp. 269-294.

GILBERT, G. N. e MULKAY, M. (1983a). "In search of the action – some methodological problems of qualitative analysis". Em G. N. Gilbert e P. Abell (orgs.), *Accounts and Action*. Adershot: Grower.

_____. (1983b). "Scientists theory talk". *Canadian Journal of Sociology*, nº 8, pp. 179-197.

GOES, M. C. R. (1993). "Os modos de participação do outro nos processos de significação do sujeito". *Temas em psicologia,* nº 1, pp. 1-5.

GOES, M. C. R. e TUNES, E. (1990). "Um estudo de operações de análise apresentadas por professores na discussão de questões de ensino". *Psicologia: teoria e pesquisa*, nº 6 (1), pp. 23-36.

HEWSON, P. W. e HEWSON, M. G. A'B. (1989). "Analysis and use of a task for identifying conceptions of teaching science". *Journal of Education for Teaching*, vol. 15, nº 3, pp. 191-209.

HILGARD, E. R. e BOWER, G. H. (1975). *Theories of Learning*. Englewood Cliffs: Prentice-Hall, pp. 1-27.

KELLEY, H. H. e MICHELA, J. L. (1980). "Attribution theory and research". *Annual Review of Psychology*, nº 31, pp. 457-501.

LEITE, D. M. (1993). "Educação e relações interpessoais". Em Maria Helena Souza Patto (org.), *Introdução à psicologia escolar* (pp. 234-257). São Paulo: T. A. Queiroz (originalmente publicado em 1981).

MAISONNEUVE, J. (1977). *Introdução à psicossociologia*. São Paulo: Nacional/Edusp.

MELLO, C. B. de (1993). *Como o professor analisa a sua ação pedagógica: um estudo da interação verbal de professores ao discutirem problemas de ensino*. Dissertação de mestrado. Universidade de Brasília.

MELLO, G. N. (1993). "Observação da interação professor–aluno: uma análise crítica". Em Maria Helena Souza Patto (org.), *Introdução à psicologia escolar* (pp. 361-377). São Paulo: T. A. Queiroz (originalmente publicado em 1981).

MIZUKAMI, M. G. N. (1983). *Ensino: o que fundamenta a ação docente? Um estudo de abordagens do processo ensino–aprendizagem*. Tese de doutorado. Pontifícia Universidade Católica do Rio de Janeiro.

MORAES, V. R. P. (1989). "Student's views of schooling and teaching and their implications for teacher education: a Brazilian study". *Journal of Education for Teaching*, nº 15 (3), pp. 261-269.

MULKAY, M. (1981). "Actions and belief or scientific discourse? A possible way of ending intellectual vassalage in social studies of science". *Philosofical Social Science*, nº 11, pp. 163-171.

NEVES, M. M. B. J. (1994). *Um estudo sobre as causas atribuídas ao fracasso escolar, na 5ª série, por alunos, pais e professores*. Dissertação de mestrado. Universidade de Brasília.

PATTO, M. H. S. (1987). *Psicologia e ideologia*. São Paulo: T. A. Queiroz.

_____. (1990). *A produção do fracasso escolar*. São Paulo: T. A. Queiroz.

POLITZER, G.; BESSE, G. e CAVEING, M. (1970). *Princípios fundamentais de filosofia*. São Paulo: Hemus.

RODRIGUES, A. (1972). *Psicologia social*. Petrópolis: Vozes.

ROSENTAL, R. e JACOBSON, L. (1993). "Profecias auto-realizadoras na sala de aula: as expectativas dos professores como determinantes não-intencionais da capacidade intelectual de seus alunos". Em Maria Helena Souza Patto (org.), *Introdução à psicologia escolar* (pp. 258-295). São Paulo: T. A. Queiroz.

SIMÃO, L. M. (1982a). "Estudo descritivo de relações professor–aluno I: a questão do procedimento de coleta de dados". *Psicologia*, nº 8 (2), pp. 19-38.

_____. (1982b). "Estudo descritivo de relações professor–aluno II: alguns resultados". *Psicologia*, nº 8 (3), pp. 37-59.

SMIRNOV, A. A.; LEONTIEV, A. N.; RUBINSHTEIN, S. L. e TIEPLOV, B. M. (1960). *Psicologia*. México: Editorial Grijalbo, S. A., pp. 15-16.

TACCA, M. C. V. R. (1994). *O sistema de crenças do professor em relação ao sucesso e fracasso de seus alunos*. Dissertação de mestrado. Universidade de Brasília.

TOREZAN, A. M. (1994). "Processo ensino–aprendizagem: concepções reveladas por professores de 1º grau na discussão de problemas educacionais". *Psicologia: teoria e pesquisa*, vol. 10, nº 3, pp. 383-391.

TUNES, E. (1981). *Identificação da natureza e origem das dificuldades de alunos de pós-graduação para formularem problema de pesquisa, através de seus relatos verbais*. Tese de doutorado. Universidade de São Paulo, São Paulo.

_____. (1984). "Considerações a respeito dos relatos verbais como dados". *Psicologia*, nº 10 (1), pp. 1-10.

_____. (1997). *A análise do relato verbal – retrospectiva*. No prelo.

TUNES, E.; SILVA, E. G. e OLIVEIRA, D. K. G. (1994). Uma experiência no estágio profissional em psicologia escolar. Livro de resumos da XXIV Reunião Anual da Sociedade Brasileira de Psicologia, p. 462.

VYGOTSKY, L. S. (1984). *A formação social da mente*. São Paulo: Martins Fontes.

_____. (1987). "Thinking and speech". Em Robert W. Rieber e Aaron S. Carton (eds.), *The Collected Works of L. S. Vygotsky*, vol. 1. Nova York: Plenun Press, pp. 39-285.

_____. (1991). *Pensamento e linguagem*. São Paulo: Martins Fontes (originalmente publicado em 1987).

_____. (1996). *Teoria e método em psicologia*. São Paulo: Martins Fontes, pp. 3-85 (originalmente publicado em 1986).

WERTSCH, J. V. (1988). *Vygotsky y la formación social de la mente*. Coleção Cognición y Desarollo Humano. Paidós.

ZANOTTO, M. L. B. (1985). *Ações e representações – uma tentativa de análise das relações de trabalho na escola*. Dissertação de mestrado. Universidade de São Paulo.

Apêndice

Metodologia utilizada na pesquisa

Participantes

O quadro 4 mostra os dados de identificação dos participantes com seus nomes fictícios adotados neste trabalho.

O pequeno número de participantes deveu-se à especificidade do método: as análises dos relatos tornaram-se muito extensas e foi necessário, então, parar com a coleta.

QUADRO 4
Dados de identificação dos participantes

NOME	SEXO	IDADE	EXPERIÊNCIA	FORMAÇÃO	NÍVEL
Helga	F	26	---	Licenciatura em química*	---
Hagar	M	24	6 anos	Licenciatura em química*	fundamental
Raquel	F	43	9 anos	Licenciatura em física, especialização em ensino de física e de matemática	médio
Morgana	F	42	17 anos	Ciências biológicas	fundamental e médio

* Em desenvolvimento.

Procedimentos

Características gerais da coleta de dados

As primeiras entrevistas foram realizadas com os alunos de química. Nosso contato deu-se por intermédio do Laboratório de Pesquisas em Ensino de Química (LPEQ) do Departamento de Química da Universidade de Brasília. Esse laboratório foi escolhido em função de oferecer um trabalho de assessoria a professores de ciências do ensino fundamental e médio das escolas públicas do Distrito Federal. O critério para escolha de cada participante foi ser professor em exercício ou em formação, além da disposição para colaborar com a pesquisa. Como não havia, naquele momento, professores que se dispusessem a participar, iniciamos, então, a coleta de dados com uma aluna do curso de licenciatura, conforme já destacado. Posteriormente, um outro aluno do curso foi contactado e concordou em participar. Uma das professoras da FEDF foi contactada via LPEQ e a outra indicada pela primeira.

No contato inicial, após a identificação da pesquisadora como aluna do mestrado em psicologia, o participante era informado sobre o interesse da mesma em estudar questões relativas ao ensino, as quais seriam levantadas por meio de discussões entre ela e o participante, na forma de entrevistas. Informávamos, ainda, ao participante o procedimento de coleta e análise dos dados, descrito a seguir. Todas as entrevistas foram gravadas com o consentimento dos participantes.

A coleta de dados consistiu na realização, gravação e transcrição de entrevistas individuais. Foram feitas de três a cinco entrevistas com cada participante, perfazendo um somatório de quinze ao todo. As entrevistas tiveram duração mínima de quatro[1] e máxima de 41 minutos, com uma média de 24,5 minutos, dependendo da dinâmica da entrevista e do ritmo do entrevistado. De modo geral, procuramos não fazer entrevistas demoradas para não ocupar excessivamente o tempo dos participantes, inviabilizando a sua participação. As entrevistas eram marcadas de acordo com a disponibilidade de horário dos entrevistados e feitas em intervalos de sete dias a um mês e meio. A variação nos intervalos ocorreu, principalmente, em função das dificuldades de encontrar horários disponíveis. A coleta de dados foi feita entre abril de 1995 e maio de 1996, incluindo o período de férias. O quadro 5 mostra os dados de duração das entrevistas, bem como a data de sua realização.

---

[1] As entrevistas de curta duração foram as de encerramento, conforme se verá posteriormente.

QUADRO 5
Duração e data da realização das entrevistas feitas com cada participante

NOME	ENTREVISTA	DURAÇÃO	DATA
Helga	1	16'	27/04/95
	2	29'	11/05/95
	3	24'	25/05/95
	4	6'	01/06/95
Hagar	1	17'	08/06/95
	2	30'	25/07/95
	3	8'	08/08/95
Raquel	1	28'	12/09/95
	2	34'	20/09/95
	3	37'	04/10/95
	4	33'	25/10/95
	5	4'	08/11/95
Morgana	1	33'	13/03/96
	2	41'	11/04/96
	3	27'	08/05/96

Nas entrevistas, buscamos, com uma pergunta inicial ("Do seu ponto de vista, qual é o papel do professor?"), suscitar o surgimento das concepções que os entrevistados tinham sobre a ação do professor e do aluno na escola. A partir da resposta a esta primeira pergunta, outras eram feitas, levando em conta aspectos enfocados pelo sujeito.

No método que empregamos, optamos por utilizar a terminologia "entrevistas" para denominar o processo de coleta de dados, embora este termo não seja apropriado às características do método, principalmente na primeira entrevista. Na entrevista semiestruturada, geralmente se utiliza um roteiro que delineia o andamento da mesma, o que se diferencia do modo como foi conduzida a coleta de dados do nosso trabalho. Na primeira entrevista, era feita a pergunta inicial e no transcorrer da mesma havia praticamente um debate livre. A partir da segunda entrevista é que poderíamos dizer que havia estruturação com base no que foi coletado na primeira. Talvez uma terminologia mais apropriada seria "diálogos sistematizados", mas preferimos manter o termo "entrevistas".

Análise preliminar dos dados, no transcurso das entrevistas

O nosso interesse de pesquisa focalizava as concepções dos participantes acerca do processo ensino–aprendizagem. Para apreendê-las, adotamos, com adaptações, os sistemas de classificação propostos por Goes e Tunes (1993) e também utilizados por Mello (1993). O sistema em pauta adequava-se ao nosso propósito, na medida em que abrangia a referência a cada um dos três componentes básicos da situação pedagógica – a saber, aluno/aprendizagem, professor/ensino e objeto do conhecimento –, bem como suas inter-relações, permitindo-nos examinar a questão da dissociação/associação entre o ensino e a aprendizagem.

Assim, conforme Mello (1993), distribuímos as falas dos professores em classes de conteúdo referentes a cada um dos componentes da situação de ensino, do seguinte modo:

> *Referências ao aluno (A)*: falas nas quais [eram] feitas referências a ações do aluno, circunstâncias em que [ocorriam] estas ações, características pessoais do aluno, etc. *Referências ao ensino/professor (E/P)*: Falas nas quais [eram] feitas referências a ações do professor, circunstâncias em que [ocorriam] estas ações, características do professor, etc. *Referências ao conteúdo ensinado*, isto é, ao objeto de conhecimento, que é mediado aos alunos pelo professor, incluindo-se sua natureza, organização (relação entre os conteúdos) e apresentação (Mello, 1993, pp. 25-26).

As referências dos participantes a relações entre os componentes da situação de ensino constituíram outras classes de conteúdo elaboradas por nós. Dessa forma, quando o entrevistado referia-se a relações entre professor e conhecimento, sua fala era incluída na classe *professor–conhecimento*; quando se referia a relações entre o aluno e o objeto de conhecimento, a classe a que era atribuída denominava-se *aluno–conhecimento*; caso o entrevistado se referisse a relações entre professor e aluno, incluíamos sua fala na classe *professor–aluno*, e quando tratava da relação entre o professor, o aluno e o conhecimento, ao mesmo tempo, sua fala era atribuída à classe *professor–aluno–conhecimento*. Falas que não estavam ligadas a esses componentes de forma específica foram agrupadas como *observações*.

Para classificar as falas, a pesquisadora lia a transcrição da entrevista, recortando o relato, tão logo o seu conteúdo dissesse respeito a uma outra classe. Os extratos das falas foram incluídos em cada classe, de forma que se pudesse visualizá-las de modo amplo. Assim, cada trecho foi numerado de acordo com a ordem em que aparecia na entrevista, e todos eles foram colocados em um quadro na coluna correspondente à classe a que pertenciam. Esse quadro (ver quadro 6) era devolvido, na forma de um caderno, aos entrevistados, juntamente com a transcrição da entrevista.

Ao verem suas falas tal como analisadas pela pesquisadora, eles faziam novas elaborações, tanto em relação ao que disseram quanto à própria análise apresentada. Dessa maneira, esperava-se que reorganizassem seu pensamento, na medida em que tomavam consciência do modo como se articulavam suas idéias, segundo a perspectiva da pesquisadora. A análise, ao permitir-lhes o contato com sua fala, atribuía, a nosso ver, maior papel analítico ao seu pensamento. A idéia subjacente a esse modo de proceder era a de que o conhecimento permanece em construção durante o processo de sua análise e discussão, possibilitando a obtenção de uma *imagem em movimento* do processo, ao invés de uma visão estática do mesmo (a esse respeito, ver Politzer, 1970; Smirnov, Leontiev, Rubinshtein e Tieplov, 1960).

A partir desse ponto, na entrevista de devolução dos dados, havia uma discussão a respeito de como os participantes concebiam os componentes da situação pedagógica. Essa segunda entrevista era novamente gravada e transcrita, seguindo-se a mesma análise da primeira e sendo retornada aos participantes, e assim, sucessivamente, até que houvesse alguma clareza das concepções tanto para o entrevistado como para a pesquisadora, ou, ainda, até que o entrevistado começasse a reiterar idéias anteriores (ver quadro 6).

No decorrer de cada entrevista, procurávamos desenvolver as idéias que iam surgindo. Por exemplo, um professor que concebesse o ensino dissociado da aprendizagem, provavelmente teria, na sua fala, dissociados os papéis do professor e do aluno, o que poderia levar a uma ação que privilegiasse as suas próprias atividades e deixasse de lado as do aluno. Esse ponto era discutido com o professor na busca de entender sua concepção e o que dela poderia decorrer, conforme mostra o trecho a seguir:

> E- E no caso de, o aluno ele tem também uma, um papel né, no processo de ensino–aprendizagem.
> Ha- Isso.
> E- Qual seria o papel do aluno?
> Ha- No ensino? É difícil. O papel do aluno. Bom. Além de... ele não é um agente passivo, parte-se disso, ele não simplesmente capta o que é, que

lhe é transmitido. Quer dizer, ele tem que, o professor desperta esse interesse nele. Isso quer dizer, ele também participa nesse processo, porque o aluno tem que ter um, como diz assim, tem que ter um objetivo, tem que ter, como diria ... (pausa). Quer dizer, o papel dele é receber, além de receber a informação, é de codificar isso, é entender, tentar procurar, pesquisar, ter dúvidas...
E- Você diz que o aluno não é passivo, por que que você diz que o aluno não é passivo?
Ha- Porque, porqueeee...
E- Depois você diz que ele tem que receber o conhecimento?
Ha- É, não é bem uma...
E- A posição de receber é bem passiva, né?
Ha- Isso, não é bem uma contradição que eu quis colocar. É que eu estava tentando ver se eu achava um outro termo que eu podia... Porque a questão é a seguinte: ele recebe esse conhecimento, isso é de certa forma passivo, mas ele simplesmente não é simplesmente receber e acabou, botou no arquivo de, se encerra ali, não é bem..., porque ele trabalha esse conhecimento. Então, ele vai ser ativo nesse ponto, quando ele for trabalhar esse conhecimento também, ou de pesquisar, ou de surgirem dúvidas em cima disso.
E- E colocar ali pro professor...
Ha- Isso, em sala de aula...
E- ...ou ficar com ele...
Ha- ...não, isso em sala de aula, expor as dúvidas, expor outros dados que ele tenha, por exemplo, ele recebe o conhecimento mas ele acha que tem outro conhecimento que ele relaciona com aquilo.

QUADRO 6
Exemplo de como os dados da análise das entrevistas eram apresentados aos entrevistados*

	Aluno ⇔ conhecimento	Professor ⇔ aluno	Professor ⇔ aluno ⇔ conhecimento	Observações
R10	No ensino? É difícil. O papel do aluno. Bom. Além de... ele não é um agente passivo, parte-se disso, ele não simplesmente capta o que é, que lhe é transmitido. Quer dizer, ele tem que, o professor desperta esse interesse nele. Isso quer dizer, ele também participa nesse processo, porque o aluno tem que ter um, como diz assim, tem que ter um objetivo, tem que ter, como diria ... (pausa). Quer dizer, o papel dele é receber, além de receber a informação, é de codificar isso, é entender, tentar procurar, pesquisar, ter dúvidas...			
R11				Porque, porquee-ee...
R12				É, não é bem uma...

	Aluno ⇔ conhecimento	Professor ⇔ aluno	Professor ⇔ aluno ⇔ conhecimento	Observações
R13	Isso não é bem uma contradição que eu quis colocar. É que eu estava tentando ver se eu achava um outro termo que eu podia... Porque a questão é a seguinte: ele recebe esse conhecimento. Isso é, de certa forma, passivo, mas ele simplesmente não é simplesmente receber e acabou, tá, botou no arquivo de, se encerra ali, não é bem... porque ele trabalha esse conhecimento, então ele vai ser ativo nesse ponto, quando ele for trabalhar esse conhecimento também, ou de pesquisar, ou de surgirem dúvidas em cima disso.			
R16		... ele coloca em sala de aula, o professor tenta abranger, ver se relaciona ou ver se, pra surgir uma discussão...		
R17	É importantíssimo.			
R18				Não, não é não. Porque...

*Retirado da análise da primeira entrevista com Hagar.

> O aluno faz muito isso, "Ah, ouvi falar", então em vista surgiu isso. Aí ele coloca em sala de aula, o professor tenta abranger, ver se relaciona ou ver se, pra surgir uma discussão... (Trecho retirado da primeira entrevista com Hagar).

Na última entrevista, entregávamos aos entrevistados um resumo contendo todas as informações retiradas das discussões e pedíamos que lessem e fizessem as apreciações e modificações que achassem pertinentes, relativas a alguma interpretação equivocada que pudéssemos ter feito de seu discurso, ou acrescentassem algo que desejassem.

Tratamento e análise dos dados ao término de sua coleta

Terminada a análise preliminar, que possibilitou verificar como se configuravam as concepções dos participantes acerca do processo ensino–aprendizagem, com base nos modos de inter-relacionar professor, aluno e conhecimento, fizemos uma outra que permitiu apreendê-las a partir da atribuição de papéis sociais dos participantes da situação pedagógica, segundo os professores. Para tanto, baseamo-nos no trabalho de Zanotto (1982), que estabeleceu as ações dos envolvidos no processo educacional como forma de inferir a determinação das idéias e mesmo das ações desses atores, entre eles não somente o professor e o aluno, mas também todo o pessoal envolvido nas atividades da escola. A autora denominou-as *classes de ação*, que eram estabelecidas por meio de análise das observações das atividades desenvolvidas pelas pessoas na escola, procurando responder à pergunta "o que ela [a pessoa observada estava] fazendo? Qual [era] a sua ação?" (Zanotto, 1982, p. 12), e diferenciou-as das *classes de representação*, que eram inferidas com base nessa ação a partir da pergunta "o que será que [a pessoa em questão pensava] que a [fazia] agir assim, falar assim?" (Zanotto, 1982, p. 12).

Em nossa análise, o discurso do entrevistado foi recortado em pequenos tópicos, dos quais retiramos o que classificamos como falas referentes a: *ação, autor da ação, resultado da ação, avaliação da ação, crenças ou bases da ação, fragmentos de sentido*. Como *ação*, foram definidos aspectos inerentes ao papel ou cargo de professor ou ao papel do aluno (ou de outros atores do processo escolar). O que era apontado pelo sujeito como decorrência dessa ação era classificado como *resultado da ação*. *Avaliação da ação* eram extratos de fala que denotavam algum tipo de explicação ou julgamento acerca da ação atribuída. *Crenças ou bases da ação* e *fragmentos de sentido* eram as inferências feitas a partir das falas do entrevistado. A denominação *fragmentos de sentido* está calcada na idéia de que o sentido de uma palavra é amplo e extremamente particular, pois está relacionado à subjetividade do indivíduo (Vygotsky, 1987), portanto, impossível de ser captado de forma completa, seja pelo sujeito, seja pelo pesquisador.

O que era citado pelo entrevistado como um trabalho feito pelo professor (ou aluno ou outros) era analisado e dele eram feitas algumas inferências. O trecho a seguir é um exemplo:

> Bom, deve ser porque a gente também tem aquela noção de que o aluno tem pouco conhecimento ou então traz pouca coisa. A gente geralmente não considera o que eles já têm, ou eles aprendem no cotidiano. Então, isso é um defeito que já vai aparecendo na gente. Quer dizer, comigo, eu tenho consciência disso, que o aluno tem um conhecimento, mas mesmo assim você viu que eu nem... (Trecho retirado da segunda entrevista com Helga).

Nesse extrato do discurso de Helga, vemos, então, que: 1) *caracterizar o conhecimento prévio do aluno* seria uma *ação* cujo *autor* seria *o professor*; 2) *o aluno tem pouco conhecimento antes do ensino* seria um *resultado da ação*; 3) *defeituosa* é a *avaliação da ação* feita pela entrevistada; 4) *a crença ou base da ação* inferida é que *o professor tem consciência de que o aluno tem conhecimento prévio*; 5) e *os fragmentos de sentido*, também inferidos, são que, para Helga, *o professor tem ação defeituosa e há, no professor, uma dissociação entre teoria e prática*.

Assim, supomos ter analisado as ações atribuídas ao professor, ao aluno e a outros agentes do processo, tais como: sociedade, família, as pessoas em geral; todos esses de acordo com o que citava o entrevistado. O trecho de uma entrevista com Raquel e o quadro que se seguem são mais um exemplo de como foram analisadas as falas dos participantes, mostrando também algumas intervenções da pesquisadora:

E- Você tem uma equipe que trabalha num laboratório...
R- É, é o seguinte: são duas pessoas que trabalham no laboratório de física, eu à tarde e outra pessoa de manhã; ligadas ao laboratório também de biologia tem duas pessoas, e química, duas pessoas. Mas [a gente] tá iniciando um pouco aí nesse trabalho.
E- E qual é o interesse de vocês nesse trabalho?
R- Olha, seria realmente porque eu acho que o aluno, ele fica muito no papel de espectador numa sala de aula atualmente, seria de envolvimento em trabalhos. Na verdade, a gente acompanha mais ou menos o programa que o pessoal da teoria está seguindo. Então, pra fazer pequenos experimentos, esse envolvimento maior no trabalho, pra ele saber, aprender a construir determinadas coisas, desmitificar determinadas coisas. Por exemplo, um negócio que foi superinteressante, um trabalho supersimples, mas os alunos morrem de medo de seno e co-seno. Você fala em seno e co-seno é um desespero. Aí, outro dia, eu fui ensinar o que que era seno, o que que era co-seno, o quão era simples a idéia. Então, você tem pouco tempo também. O que eu acho que estamos precisando muito em termos de ensino médio é integração. Parece que todo mundo trabalha sozinho, não existe integração, é incrível.
E- Como é que é, em relação ao desempenho do aluno? Você falou que o aluno está muito como um espectador. De que forma isso tá influenciando na aprendizagem dele, essa coisa dele estar muito como um espectador?

R- É, eu acho que o que existe atualmente é um desinteresse muito grande... Ele tá esperando que as outras pessoas "transmitam" o conhecimento pra ele, pronto. Ele, é a televisão em casa e a aula na escola (Trecho retirado da primeira entrevista com Raquel).

QUADRO 7
Exemplo de análise das referências a ações de professor e aluno, feitas por Raquel

Ação	Autor da ação	Resultado da ação	Avaliação da ação	Crenças ou bases da ação /fragmentos de sentido
Fazer experimentos.	Aluno (R)	Envolver-se em trabalhos, sair da posição de espectador, saber, aprender e construir coisas, desmitificar outras.		O aluno precisa trabalhar com o conteúdo para aprender.
Simplificar o conteúdo. Acompanhar o conteúdo da teoria.	Professor (R/I)		Os alunos morrem de medo de certos conteúdos.	O medo dos alunos está ligado à maneira como o professor apresenta o conteúdo. A facilitação da aprendizagem passa pela simplificação do conteúdo. É possível fazer isso. A incompreensão de conteúdos por parte do aluno gera nele emoções negativas.
Trabalhar sozinho.	Professor (R)		Falta integração no ensino médio, o professor tem pouco tempo.	A integração dos professores é prejudicada no ensino médio pela falta de tempo.
Esperar que as pessoas transmitam o conhecimento para ele.	Aluno (R)	O aluno porta-se como espectador, a escola e a televisão são a mesma coisa para ele.	Há um desinteresse muito grande atualmente. O aluno fica mais no papel de espectador.	O aluno é passivo. A passividade do aluno denota desinteresse.

O exemplo anterior mostra uma das classificações feitas a partir das falas de uma entrevistada. Note-se que não são colocadas as falas literais como aparecem na transcrição mostrada anteriormente. O que procuramos fazer foi justamente extrair as partes mais significativas do trecho, atribuindo uma ação ao professor ou ao aluno (ou outros agentes) e acrescentando as falas nas classes seguintes. É interessante notar também que nem todos os extratos de fala contêm trechos que possam ser inseridos em todas as classes. Em alguns casos, inclusive, não houve referência a uma ação; o entrevistado apresentava apenas um julgamento ou um resultado de uma ação citada em um trecho anterior da entrevista. Da mesma forma, algumas ações não tinham um ator a quem pudessem ser atribuídas, como no caso a seguir:

> H-... eu acho que a melhor forma da gente começar a contornar seria melhorar... os professores. Não que os professores tenham obrigação, muito menos ter obrigação de pai na sala de aula. É que a gente deve começar pelos professores, que são a peça que a gente tem, e, tipo assim, dar instruções, saber como é que eles estão se desenvolvendo. Não sei, eu acho que a gente tem que partir pelos professores mesmo.
> E- Você acha que esta questão de melhoramento no ensino, porque a gente já tá falando de melhoramento no ensino, você acha que isso passa pela formação do professor?
> H- Eu acho que sim.
> E- Então, nesse sentido, pelo que eu estou vendo, não sei, posso estar enganada, mas parece que você está colocando a responsabilidade muito na

mão do professor, né, já que o professor tem que ser mais bem formado, então, ele que vai ser o responsável maior pela situação de ensino.
H- Mas eu te falei isso devido a toda a complexidade que tem e o que que é mais fácil, a gente...
E- Mudar o meio...
H- Mudar o meio que a gente vive que é uma coisa assim bem louca mesmo, ou uma coisa assim simples, o professor que você acabou de formar então você vai lidar com teorias, com práticas também e quando você tá ensinando, ele está sendo aluno também. Então, é como eu te falei, é um ciclo, uma coisa tá dentro da outra (Trecho retirado da primeira entrevista com Helga).

A *ação* extraída com base neste trecho seria *mudar o professor no curso de sua formação*. No entanto, não pudemos identificar ou especificar um ator para essa ação, embora tenha sido possível afirmar que se tratava de um ator *ideal*, já que o conteúdo refletia uma expectativa da entrevistada (ver explicação no próximo parágrafo). A *melhoria do ensino* foi considerada um *resultado da ação*, e as inferências acerca de *crenças ou bases da ação/fragmentos de sentido* foram: *é mais fácil mudar o professor do que a sociedade, na medida em que se pode influenciar na sua formação*. Não houve qualquer fala que pudesse ser considerada uma *avaliação*.

Uma outra classificação que fizemos referia-se ao tipo de ator que executava a ação referida. Verificamos, no discurso dos entrevistados, a presença de dois tipos de atores: um *real* e outro *ideal*, tanto o professor quanto o aluno, como mostram as letras R e I entre parênteses no quadro 7. Estendemos essa classificação para outros agentes, conforme supúnhamos que o participante estivesse referindo-se a atores reais ou a expectativas acerca de como deveriam ser as ações. Assim, no quadro 7, classificamos, na primeira linha, o aluno *real*, visto que a entrevistada se referia a uma situação de aula de laboratório em que o aluno executava a ação apontada; na segunda linha, demos uma dupla classificação porque nem sempre o professor executava o tipo de ação focalizada. Em outras palavras, a fala da entrevistada dava a entender que os alunos tinham dificuldade com o tema em questão e que nem todos os professores faziam uma simplificação do conteúdo. Na terceira linha, classificamos o professor como *real*, visto que essa condição é um relato de experiência da entrevistada, um dado da realidade – não há integração entre os professores de ensino médio – e, na última linha, o ator da ação referida foi tido como o aluno *real*. Para a entrevistada, era assim que o aluno agia de fato: ele esperava que os professores transmitissem o conhecimento, portando-se como um espectador, de forma passiva, como se a aula fosse análoga a um programa de televisão.

Uma terceira classificação, feita com base nessa segunda, relacionava-se à direção da ação dos agentes do processo. Essa classificação procurava esclarecer qual era a referência da ação explicitada como do professor, do aluno ou de outros agentes, conforme seu conteúdo. Assim, as ações do professor real foram: 1) *ligadas ao conhecimento*: atitudes em relação ao seu conhecimento e ao conhecimento do aluno; o que é feito desse conhecimento pelo professor; e maneiras como é tratado esse conhecimento em relação ao aluno ou à atividade de ensino; 2) *voltadas para si mesmo*: relacionadas às suas condições de trabalho; referentes a características pessoais; e referentes a limites ou dimensões do papel do professor; 3) *dirigidas ao aluno*: dirigir as ações deste último; operar algo nele (fazê-lo realizar algo, formá-lo, conscientizá-lo, prepará-lo em termos de conhecimentos); fazer prevalecer a sua vontade ou os seus objetivos; e relacionar-se com o aluno em busca do seu interesse ou para comunicar-se, mas tendo sempre o conhecimento como finalidade.

As ações do professor ideal foram: 1) *dirigidas ao aluno*: referentes ao interesse do aluno; às condições para que ele aprenda estudando e levando em conta as suas características; ao envolvimento do aluno na situação de ensino; à relação do professor com o aluno e aos objetivos e resultados do ensino; e à formação, no aluno, de atitudes em relação ao objeto de conhecimento; 2) *voltadas para si*: relativas aos seus conhecimentos no que se refere ao aprendizado de técnicas, no sentido de atualizar-se em termos de conteúdo; à sua atividade; e à atividade de ensino e seus resultados, inclusive ligadas ao seu planejamento.

As ações do aluno real constituíam-se ações relativas: 1) *ao relacionamento do aluno com o conhecimento*: qual a localização do interesse, o tipo de conhecimento, e como opera com o conhecimento; 2) *ao relacionamento do aluno com o professor*: quais as suas bases, como vê o professor, qual a valorização que dá à relação e como se caracteriza essa relação; 3) *às atitudes do aluno* em relação à situação de sala de aula, aos conteúdos, ao professor e às suas finalidades.

O aluno ideal teve suas ações ligadas: 1) *às suas atitudes* em relação ao conhecimento, ao professor, às condições de ensino e aos seus objetivos; 2) *ao relacionamento do aluno com o conhecimento* das condições de ensino, dos papéis de professor e de aluno, dos objetivos de ensino, do conteúdo; 3) *ao relacionamento do aluno com o professor*, seus limites e particularidades.

Outros agentes que surgiram como integrantes do processo tiveram suas ações, do ponto de vista do real, classificadas como: *dirigidas aos objetivos do ensino/escola* como complemento às atividades da escola, referentes à sua função; *relativas às expectativas do ensino/escola* em termos do cumprimento do que a sociedade espera. Do ponto de vista ideal: *ligadas a mudanças* no professor, nos três componentes da situação pedagógica, no conhecimento, nos valores; *expectativas* acerca da escolarização dos filhos, dos objetivos da escola ou do que dela se espera, atitudes em relação à educação; *dirigidas aos objetivos do ensino/escola* em relação ao conhecimento de sua importância, mantendo trabalho conjunto ou ligadas à formação do aluno.

Impressão e acabamento:

SIG/Sul - Quadra 08 - Lote 2.336
Fone: (061) 344-1002
Fax: (061) 344-2827 - Brasília-DF
athalaia@uol.com.br